战略三环
落地实战

王钺 袁中华 方向晖 吴凯 钟金来

著

PRACTICAL
IMPLEMENTATION OF
3 LINKS
IN STRATEGIC MANAGEMENT

机械工业出版社
CHINA MACHINE PRESS

本书重点介绍了战略执行的七个关键模块：战略宣导与复盘、识人用人、打造经营班子、构建组织体系、人才管理、企业文化及领导力。书中通过大量企业实战案例，直击企业创始人和高管在战略执行中的痛点，帮助读者理解如何通过组织、人才与文化将企业战略转变为现实，高效建设战略执行系统。本书提供了大量方法与工具，帮助企业在理论和实践之间建立强大的连接。

图书在版编目（CIP）数据

战略三环落地实战 / 王钺等著 . —北京：机械工业出版社，2023.8（2024.1 重印）
ISBN 978-7-111-73580-9

I. ①战⋯　II. ①王⋯　III. ①企业战略　IV. ① F272.1

中国国家版本馆 CIP 数据核字（2023）第 137271 号

机械工业出版社（北京市百万庄大街 22 号　邮政编码 100037）
策划编辑：石美华　　　　　　　　　　责任编辑：石美华　何　洋
责任校对：龚思文　刘雅娜　陈立辉　　责任印制：常天培
固安县铭成印刷有限公司印刷
2024 年 1 月第 1 版第 2 次印刷
170mm×230mm・13.75 印张・1 插页・181 千字
标准书号：ISBN 978-7-111-73580-9
定价：69.00 元

电话服务　　　　　　　　　　　网络服务
客服电话：010-88361066　　　机 工 官 网：www.cmpbook.com
　　　　　010-88379833　　　机 工 官 博：weibo.com/cmp1952
　　　　　010-68326294　　　金 书 网：www.golden-book.com
封底无防伪标均为盗版　　　　　机工教育服务网：www.cmpedu.com

战略成功的挑战在于系统落地

我与本书主要作者王钺先生相识于 2004 年 12 月的一场访谈。彼时我任职于中兴通讯中东片区，从迪拜回国参加人力资源工作会议，其间接受国际咨询公司合益集团（HayGroup）访谈，主访人便是王钺先生。那场访谈的主要内容是中国企业海外人力资源管理遇到的困难和挑战、跨文化管理及解决方案。王钺先生与我年龄相仿，他的从军生涯、加拿大留学经历以及对人力资源管理的观点等都给我留下了深刻印象。

2006 年回国，我选择加入国际咨询公司，可以说在某种程度上受到他的影响。此后，他从咨询转型至企业高管，到后来自己创办伟略达公司，我们一直保持彼此关注，也时常有管理思想上的交流与碰撞。王钺先生将多年对战略管理的洞察汇入其 2020 年撰写的《战略三环：规划、解码、执行》一书，带来了独特而深入的剖析视角，以及精彩且生动的实战案例。本次我接受王钺先生的邀请，为他们团队集体写作的《战略三环落地实战》作序，实感荣幸。阅读新作的过程，亦引发了我对战略落地的很多系统思考。

在多年的管理实践中，我始终认为战略管理至关重要的一个环节就是落地。无论多么高屋建瓴的战略，如果没有良好的落地执行，都只能是空中楼阁。或许有些公司的战略称不上尽善尽美，但是执行得坚决到位，也能使整体经营发展得较为顺利。在战略的落地过程中，我认为可以分为五个核心层次。

一是充分达成战略共识，做到上下同欲。这需要核心管理团队共同参与战略的制定，以及配合有力的战略宣导。有些企业创始人或 CEO 在战略制定方面搞"一言堂"，部分人只要求执行，没有充分的共识过程，大家对战略的理解各不相同，很难真正理解企业战略意图，更谈不上执行到位。

二是要搭建与战略要求匹配的组织管控体系，包括能够承接战略任务的组织架构、清晰明确的职责划分与协同流程、平衡效率与风险的授权体系等。有的企业忽视组织建设，甚至缺少战略管理部门，导致战略管理职责缺失，不能对战略落地进行过程管理和结果监督，缺少对战略的跟进、复盘和总结。

三是要打造具备战略洞察和行动计划转化能力的人才梯队。作为战略落地的动力引擎，核心人才梯队一定要稳定，并且具备战略所需的能力，这种能力结构需要通过科学的人才标准和培养发展体系逐步构建。

四是要设计科学的组织绩效体系来进行价值评估，并且匹配有竞争力和牵引性的激励机制进行价值回报，形成良性的价值循环。组织绩效是战略落地的工具，因此，完善的组织绩效体系需要有清晰的战略解码和对业务管理逻辑的深入洞察。如果上述组织建设和人才成熟度难以达到战略要求，但是又寄希望于组织绩效和激励来解决从战略规划、解码到执行的全部问题，这无疑是无源之水、无本之木。

五是要塑造与战略匹配的文化价值观体系，实现员工行为和员工体验的一致性，不断强化员工对战略导向的认知。尤其是在战略升级或转型的背景下，企业很难通过具体的管理制度规定员工行为的方方面面，而企业通过文化价值观的牵引，可以广泛地影响员工行为，促进战略落地。

只有战略共识、组织建设、人才能力、考核激励、文化引领共同发力，才能真正全方位支持战略落地。任何一个环节出现问题，都会导致战略的落地成为镜中花、水中月。

本书与我多年的实践沉淀不谋而合，并且通过更加系统的阐述、更加全面和实用的工具以及更加生动翔实的案例，将战略落地的各个要素环环相扣，深入浅出地呈现给读者。相信各位读者在通览并深入思考和理解本书的内容后，能够对战略如何有效落地有更加深刻的感受。

如今国际国内经济形势风云变幻，大事件层出不穷，各个行业、各种类型的企业都面临着严峻挑战。在大经济环境的变局中，"战略转型""战略升级"已然是企业界的热门词汇。若读者希望通过有效的战略落地，将当前的挑战转化为机遇，那么本书一定会对你有所裨益。

彭志斌

碧桂园集团原副总裁、小米集团原首席人力资源官、

麦克韦尔国际高级副总裁兼首席人力资源官

推荐序二

组织与人才是战略执行的关键

伟略达公司陪伴博腾多年了，伟略达的创始人王钺也是我的老朋友，所以我欣然接受了他的邀请，为伟略达团队的这本新书作序，也当是我对博腾股份这些年战略执行的一些反思和小结吧。

博腾在2014年上市的时候，主营业务是医药合同生产外包（CMO），为几个大的跨国医药公司提供服务。在那个时候，我和其他管理层就已经清醒地认识到，博腾要成长为国际型企业，必须不断地推动组织和人才的发展。为此，我们邀请了王钺的团队与我们合作，在岗职体系建设、关键人才的系统培养方面进行了努力。随着医药行业在全球的快速变化，博腾原有的战略已经不能满足新形势的要求，因此公司的经营业绩出现了波动，人才队伍也出现了不稳定的现象。这个时候，我和王钺进行了深入的讨论，做出了几个判断：①主要问题出在原有战略中业务过于聚焦在两个大客户身上，而跨国药企的战略和经营随着全球医药行业的快速变化进行调整，会导致我们的业绩出现波动；②从全球范围来看，创新药仍然处于持续快速增长的轨道上，但研发的助力已经转换为小型新药研发公司，同时我国的医药创新随着政策调整开始迎来新的发展契机，而且除了小分子化学药，生物医药特别是细胞基因治疗等细分领域开始进入高速增长期；③博腾的业务战略必须经历一个痛苦的调整期，在此期间不仅不能因为经营业绩下滑而停止对人才的投资，反而要保持定力，持续加大对人才的投资，在稳定军心的同时，为新的战略周期积极储备人才。

为此，2018年开始我们调整战略，正式进行战略转型。首先进行了客户结构的调整，通过向中小企业客户扩张和向全球市场扩张让销售收入止跌回升。其次，我们的业务也开始谋求从合同生产外包（CMO）转为合同研发生产外包（CDMO），从开始专注于化学原料药扩张到制剂以及细胞和基因治疗。在这个过程中，王钺的团队帮助我们进行了战略的澄清与解码，让管理层，尤其是战略执行的关键人才都能够理解战略转型的必要性和每个人在战略举措中的责任。在关键人才的培养方面，我要求王钺的团队坚持用创新的方式来训练我们的中层干部，针对这个群体的"启明星"人才发展计划从第一期做到了2023年的第四期，一直没有停过。在此期间我坚持担任项目的班主任，参与项目方案的策划和关键模块的执行。在这些人才发展项目中，伟略达团队基于对博腾的需求洞察设计实施了广受学员好评的内容。比如，用全方位的测评及教练辅导方式增强学员的自我认识和明确自我挑战的目标；针对博腾的战略转型要求学员进行行动学习，围绕博腾的关键问题分组选择课题进行研究并提出解决方案；采用沙盘推演的方式强化学员的经营意识和技能；收集博腾内部的真实案例进行场景化的经营管理能力训练等。这些都是在博腾艰难的战略转型过程中完成的。在这个过程中，我也借着班主任的角色，与学员们进行了近距离的沟通与交流，复盘我们管理层犯过的错误，澄清我们的新战略，同时传达了新管理团队坚定推进战略转型的决心和信心。

正是因为对人才外招和内培两个方面持续投入，博腾才能在最困难的时候完成了关键人才队伍建设，使战略转型得以顺利推行，迅速扭转了经营困境，开始迎来新的增长。然而，随着博腾新一代制药服务平台战略的推进，组织与人才再次面临新的挑战：原有的职能型组织模式已经不能满足战略的需要，必须进入集团化和事业部制的阶段，而且要逐步向平台化方向发展。在中层人员的能力训练持续进行的同时，针对高级干部的人才发展计划也必须启动，才能支持新战略周期的业务发展。

我们很感谢伟略达团队一直陪伴博腾的成长。针对这些持续的挑战，不管是王钺用他的战略三环方法论来帮助我们打造务实好用的战略管理系统，还是帮助我们新的领导班子加速融合，以及设计和实施针对我们中高层管理人才领导力发展的"启明星"和"天王星"计划，都凸显了我们长期战略合作的价值。一个好的合作伙伴，不仅能够深刻理解我们的需求来定制解决方案，而且能够从第三方的角度直接反馈我们存在的问题，从而弥补我们的认知盲区。伟略达的团队成员都兼备国际咨询公司丰富的咨询经验和企业高管的管理实践经验，因此在与博腾的合作中能够从经营的实际和结果出发，帮助我们思考问题和共创解决方案，这个过程让我本人也获益良多。这次伟略达团队集体写作了这本书，可以说是他们多年来帮助中国企业通过强化组织与人才能力来执行战略的实战精华。很荣幸博腾的一些实践也作为案例入选。我相信，这本通俗易懂、非常接中国企业"地气"的书，将会帮助到广大的企业创始人和高级管理者。

对于博腾过去这十年的发展，我个人的体会是：企业必须以终局思维来形成战略选择，而在战略执行当中，真正的定力来自持续地强化组织和人才的能力。只有组织、人才、文化与战略高度匹配，才能让商业机会变为现实。博腾还在高速成长的路上，我坚信我们会一直坚守"让好药更早惠及大众"的使命，在"成为全球最开放、最创新、最可靠的制药服务平台"的愿景引领下，不断强化我们的组织和人才能力，实现"良将如潮，兵马如云"。

居年丰

重庆博腾制药科技股份有限公司董事长

战略执行的传统与趋势

在当今大变局时代，战略规划、战略解码和战略执行的体系也需要随着数字经济和平台经济的发展而优化迭代，以适应客户需求和市场环境的快速变化。中国企业在这方面也面临着巨大的挑战。中国的领军企业家们在过去的十多年里，从传统咨询企业的管理方法论中不断升级和总结了结合经典管理科学、中国市场实践和数智化转型能力的战略落地策略打法。更多的企业希望能够借助领军企业的经验，少走弯路，充分拥抱数智技术，更好地实现战略从规划、解码到执行的各个环节。撰写《战略三环落地实战》的伟略达团队在服务客户的实践中，在IBM、埃森哲、合益集团这些国际咨询公司领先的方法论的基础上，不断提升自己的认知和实践，形成了自己非常独特的战略落地闭环体系。恭喜我的老同事们有了长足的发展和积淀！

我个人从埃森哲和IBM GBS的战略咨询服务经验出发，在战略落地的实践中前后领导和参与了IBM大中华区自身的战略转型工作和阿里云实现"数字经济基础设施"的战略突破工作，对战略从规划到落地的全过程有比较深的感受，也充分认识到这不是简单按方法论执行的过程，市场环境、企业文化、团队背景和领导力都在充分影响着落地的结果。在一个敏捷为王的时代，"战略"和"小胜"之间的对接和闭环，比任何一个时代都更加重要，战略落地的数字化支持能力，也比任何一个时代都更凸显价值。在当下的中国企业里，我看到战略落地过程已经充分突破了企业高管和领导层的范围，成为一个全公司的共同话题。

在新奥，我们也正在推动一个前所未有的产业数智化转型过程。我每天也在思考如何结合新奥创业 30 多年来的产业最佳实践、客户洞察和认知、团队的自驱精神和创新能力、我们打造的支持转型的数智化平台工具和产品，来更好地实现战略规划、战略解码和战略执行的"三环"推动。这本书对我个人也是一个非常好的"他山之石"，激发了我很多思考和纠错行动。我相信在当下的中国企业里，我不是一个独行者，所以也推荐这本书给大家阅读，共同探索新时代的战略落地之道。

郭继军

新奥新智 CEO& 总裁、阿里巴巴集团原副总裁、IBM 原副总裁

胜在战略，赢在执行

2020 年我写了《战略三环：规划、解码、执行》(以下简称《战略三环》)一书，由机械工业出版社出版。该书的出发点是帮助中国企业尤其是中小企业建立一套高效务实的战略管理系统。书中清晰地阐述了战略从规划到解码再到执行的方法与实操细节，配合本人 20 年来积累的大量实战案例，得到了读者尤其是来自"专精特新"企业读者的广泛好评。不少读者阅读了该书后，通过各种渠道与我取得联系，就企业如何用战略三环方法论打造战略管理能力、实现企业持续战略发展，进行了很多互动与交流。有读者打趣说："以后就叫你'王三环'吧！"《战略三环》一书能帮助到企业，尤其是对新经济发展有重要作用的"专精特新"企业，还能得到读者的美誉，我和我的合伙人都觉得很欣慰。

在与读者、企业创始人及高管深入交流战略管理的过程中，我发现，他们普遍认同战略三环方法论，也对战略规划、战略解码有了比较具体的认识，但是对于书中提到的战略执行过程中的若干关键问题仍然会觉得不解渴，在操作中存在很多具体的疑问。比如，战略解码的成果如何转化为企业的目标管理与绩效管理，战略执行中干部不给力怎么办，战略如何驱动组织变革，原有企业文化不支撑战略怎么办等。不少读者请我再写一本书，专门阐述战略执行中的关键问题和对策。有几位与我们伟略达团队长期合作的企业家也反映，中国讲企业战略的书越来越多了，但是在战略执行方面有"干货"的书还是稀缺的。他们提到印象比较深的有一本《执行：如何完成任务的学问》[⊖]，但主要分享跨国公司的理论与实践，而非中国本土企业的战略执行。伟略达团队经常向企业强调：胜在战略，赢在执行。正确的战略让企业明确取胜之道，但是，真正要赢得胜利成果还是要靠强有力的执行。因此，我感觉我们伟略达团队有条件也有责任承接《战略三环》一书，再出一本聚焦于中国企业战略执行实践的书。作为一个具有强烈"客户导向"意识的创始人，我非常重视读者们和企业家们反馈的意见，并立即和我们的合伙人商议，把写作一本专注于中国企业战略执行的新书提上日程。

写这本书，仅靠一个作者就略显不足了。因为战略执行涉及企业创始人和CEO、组织、人才和文化等很多方面，而且特别需要兼顾企业内部实操和外部最佳实践与方法论，所以，在我的号召下，我们合伙人团队决定共同执笔。这个团队既有知名国际咨询公司（如埃森哲、IBM、韬睿惠悦、合益集团、德勤等）的咨询背景，也有在企业担任高管的实战经验，熟悉很多不同的行业与处于不同发展阶段的企业，能够从更宽、更广、更深的维度总结更多有关战略执行的规律和本质，从而给读者带来更大的价值。

现在，企业界有一个普遍的认识：企业战略难在执行。战略规划，不管用什么方法，大约用几周的时间就可以完成；战略解码，采用一系列的共创方式，在一两个月时间内也能够得到澄清、形成共识并进行分解；战略执行，则是在一个3~5年的战略周期里面，需要"日拱一卒"、不断精进、持续做好的事情。将战略任务融入"劈柴、喂马、煮饭"的日常企业工作中，极为考验战略执行者的定力、耐心与细节管理。我们合伙人团队在

⊖ 博西迪，查兰，伯克.执行：如何完成任务的学问 [M].刘祥亚，等译.北京：机械工业出版社，2011.

研究了大量企业实战案例之后，结合了与我们长期合作的企业家所提供的宝贵意见与实践经验，将战略执行的关键归纳为"战略宣导与复盘、识人用人、经营班子、组织体系、人才供应链、企业文化、领导力"七个模块。这与某些国内外优秀企业在成长过程中总结出来的组织、人才、文化"三板斧"有相通之处，但是可能会更具体和丰富，更有利于企业理解在战略执行中这些关键模块之间的关系和相互影响。在写作这本书的过程中，我们全体合伙人更加深刻地认识到，如果说企业成功是战略和组织能力的相乘关系，而组织能力的核心是人，那么企业根本上需要的是"战略引领、组织支撑、人才驱动"，战略执行的底层逻辑是如何让人在组织中释放潜力、有效互动、实现共同目标。

这本书可以理解为是《战略三环》的"续集"，也可以理解为是一部更直击企业痛点问题、更有实操价值的作战指南。我们参与写作的团队一致认为，既然是关注于战略执行，本书更需要秉承以下三个特点：

1）通俗易懂。战略到了执行层面，面对的问题颗粒度更小，也更为具体。要让负责战略落地"最后一公里"的一线员工听得懂和做出应有的反应，就必须用通俗直白的语言来清楚说明。

2）侧重于实战技巧而不是理论方法。战略执行意味着战略分解到了企业经营、业务、管理和人员等方方面面，等同于从战争到战役再到每一次近身肉搏的战斗。这个时候，实践和创新远比理论方法更重要，存在大量"守正出奇"的鲜活案例。只要是顺应基本规律和逻辑的行动，都是值得尝试和推广的。

3）基于真实案例。书中有不少来自我们咨询或亲身经历的真实案例，部分做了脱敏处理，部分在获得客户同意的情况下披露了真实的企业信息。这些来自不同行业和企业不同发展阶段的案例，会让读者对战略执行产生更全面和深刻的理解。然而，我们更希望读者能够聚焦于我们提炼出来的共性的、规律性的问题和对策，而不要纠结于案例个性化的部分。

这本书的诞生，需要感谢机械工业出版社编辑们的鼎力相助，感谢袁中华、方向晖、吴凯、钟金来四位共同作者，感谢陈红星、唐宁、蔡红胜、程华军、刘志丰等合伙人的执笔参与，感谢彭志斌先生、居年丰先生以及郭继军先生给予的热情推荐，感谢乐信集团肖文杰先生、国立电子尹剑平先生、百明信康徐爱武博士、智驾科技周圣砚博士等企业创始人提供的案例和观点，感谢之前《战略三环》读者们提供的富有价值的反馈与建议。

我国经济正面临更多的挑战，企业的发展不能依靠过往的时代红利与惯性思维，更需要锤炼自身抓住战略机会和执行战略出成果的能力。我和我的合伙人们诚恳希望，本书能够成为企业创始人与高管的案头书，成为"专精特新小巨人"企业战略执行的好帮手，从而为国家经济发展做出微薄的贡献。

王钺
2023 年 1 月于深圳

目　录

第 1 章

战略宣导与复盘

战略宣导是对企业制定的战略进行讲解并鼓舞全员为实现战略而努力的行动。企业在战略管理上经常出现的弊端是"重规划、轻执行",而在执行中又会"重行动、轻宣导"。殊不知,没有及时到位的战略宣导,组织内的大部分员工,尤其是中基层员工就会带着各种疑惑和问题去执行一些他们根本没有理解和认同的战略任务,从而导致战略执行问题丛生、困难重重。所以,企业创始人有必要把战略宣导当成企业战略执行的第一功课来认真对待与耐心实践。

企业所处的经营环境越来越体现出 VUCA 的特征,即易变性(Volatility)、不确定性(Uncertainty)、复杂性(Complexity)和模糊性(Ambiguity)。因此,战略的执行一定是运动战,必须在战略执行中不断进行战略的复盘和检讨,才能抓住战略执行可能出现问题的根源所在并及时纠偏,甚至是面对根本性的环境变化,进行战略的大幅度调整和优化。因此,战略复盘是战略执行过程中的基本要求,容不得半点轻视与敷衍。

1.1 战略宣导：战略执行的第一功课

下面两个案例可以很好地说明企业缺乏战略宣导会出现什么后果。

我们曾与一家互联网消费金融领军企业开展合作，帮助该企业培养关键的中层管理者。顾问团队通过与该企业的创始人和高管进行一系列的访谈，达到理解客户发展战略的目的，并通过后续回顾整理进一步厘清这些中层管理者的培养项目如何与企业战略相结合。企业创始人详细阐述了他对企业所面临的商业环境，尤其是监管政策变化及消费金融未来发展趋势的洞察，解释了他为什么会给企业提出了"1＋2"的三年战略，即"消费金融＋为金融机构赋能＋消费电商"的新业务架构，并谈及要为新业务架构制定一些目标以及实现这些目标的关键举措。当企业创始人被问到"您认为公司的中层管理者中有多少人听懂了您的战略"时，他迟疑了一下，回答说："大部分吧。"此后，顾问团队发现，在这家公司上一年的年会上，企业创始人和高管都采用 TED（Technology，Entertainment，Design 的缩写，即技术、娱乐、设计）演讲的方式（该方式具有观点响亮、开门见山、看法新颖等特点）向全体员工阐述了公司未来三年的发展战略。人力资源部甚至把这些演讲制作成了一系列的视频，发放给所有员工进行学习和理解。故而，按照创始人和高管的想法，公司的中层管理者应当是比较了解公司战略的。

遗憾的是，在中层管理者培养项目启动的第一模块，当顾问团队负责人请学员们用便笺纸写出他们理解的"公司未来三年的发展目标"以及"公司未来三年的发展战略"时，很多人直接表示"不知道，所以写不出来"，勉强写出来的也是五花八门。事实证明，中层管理者群体并不像创始人期待的那样能接收到公司发展战略的关键信息并真正理解到位。当他们在谈到第一季度各项重点工作推进的时候，普遍反映"因为对公司战略不清楚，所以被动接受了所谓的战略任务，感觉无从下手或者比较茫然，所以推进不力"。

第二个例子来自一家跨境电商公司。这家跨境电商公司的某个职能团队希望外部顾问能够帮助他们明确未来三年的发展战略、年度重点工作，并对战略和重点工作进行行动分解。一般而言，一个企业应该是先有清晰的公司级战略描述，然后以此作为输入，开展职能中心的战略规划与解码，才能让职能中心的目标与行动措施有效承接，从而真正实现上下同欲、战略层层分解落地。然而，这次的战略共创会议面临两个略显尴尬的挑战。

首先，公司级战略并不清楚。在早期沟通的时候，企业方的高管和会议组织者均强调：由于公司面临的商业环境变化实在太快，企业创始人和高层团队有时经常说不能去想、去谈太长远的事情，如大多数企业所说的 3～5 年规划。就跨境电商而言，这几年发展迅猛，很多跨境电商企业更是迎来了爆发期。在资本的推波助澜下，几乎整个跨境电商赛道都在 2020 年年底传播 "投资人不看项目直接给支票""某跨境电商老板买下若干处深圳湾豪宅"这样看似疯狂的说法。2021 年年初，随着亚马逊对有不合规操作的大批中国跨境电商采取封店措施，几乎一夜之间，整个赛道哀鸿一片。某些本来已经排队 IPO 的企业被迫撤回申请，估值猛然间被砍掉 2/3。随后这些企业迅速进入裁员与紧缩的状态，甚至有的企业已出现了严重亏损与破产。从这些 "惊心动魄"的事件来看，貌似这个说法很有道理——"对我们这种市场一日多变的企业来说，谈两年以后的事太奢侈了"。出于这种理念，这家合作企业的高层基本上不会谈太长远的事，也甚少对公司员工宣导公司的战略到底是什么，从而导致虽然公司创始人曾经用在线的方式向全员发布了所谓的战略，但是当外部顾问询问企业的中基层管理者时，他们的反应是 "大概记住了几个关键词"，而对于公司具体要在哪些方面做好哪些事情，大家仍然是稀里糊涂。

其次，这个职能团队的负责人在会议筹备的沟通期间表现出来的状态是欲言又止、语焉不详，既没有对公司发展战略提出明确的解读，也没有对团队未来三年的发展提出非常具体的期望。根据顾问的观察，存在两个可能的原因使得这位职能团队负责人呈现这样的行为：一是其自身性格的原因；二是他本着"本次共创就是要团队成员多分享，所以我就不要让他们把我的想法作为预设"这样的认知与想法。在这种情况下，有理由相信，在这家企业面临持续快速增长的机会的同时，因为没有对企业战略清晰地进行宣导，中基层普遍存在对战略任务不清楚，以及没有通过高效协作确保战略任务实施到位的情况，导致高层很着急、中基层却有苦难言。

　　这两个案例带来一个深刻的思考："对一个企业创始人和 CEO 而言，讲清楚企业的战略有多重要？"在今天这个 VUCA 时代，企业经营环境急剧变化，但这恰恰是企业更需要战略描述和战略澄清的原因。如果只强调"活在当下"或者亦步亦趋，企业就无法通过持续的阶段性战略取得长期生存与发展。就第二案例中这家跨境电商企业而言，如果早些年没有选择自创品牌和自建站，那么在 2021 年年初极有可能也会和很多同行一样，因为亚马逊的封店行为而一败涂地——其实这本身就是战略。由此，我们应该深刻认识到：①战略就是从不确定性中寻找确定。企业需要根据客户及市场发展趋势，寻找不断创造客户价值的机会，然后以终为始，明确当下及未来几年的中短期目标及实现目标的关键战略措施。这样才能让全员进入众志成城、力出一孔的状态，发挥组织的战斗力。②战略并不是僵化的，战略的执行必须是运动战。环境一变，就需要快速评估战略措施是否需要调整。而并不是规划了 3～5 年的事，就意味着这期间企业无法跟上环境变化。若干年前，京东在刚刚取得一些规模优势时就提出了中长期的战略规划，而正是这些规划与过程管理，让京东在快速变化和竞争激烈的国内电商行业中不断取得阶段性的成功。反之，如果一个企业不敢或者不愿意谈中长期战略，或者不愿意花时间把战略讲清楚，那么其业绩的增长很大程度上只是归功于行业红利。过去几十年，诸多企业的实践已经充分证明，靠吃行业红利的偶然性成功，相对于靠战略带来的确定性成功，差距在于是否形成了组织的战略发展能力。组织只有具备了战略的能力，才能穿透周期、长期制胜。

从我们多年的咨询和企业管理实践来看，如果企业创始人或 CEO 不讲战略或者讲不清楚战略，中基层员工就会陷入极大的混乱当中。第一种情况是大家靠"猜"来引导各业务单元、各职能部门的工作，而这往往会出现怎么努力都达不到高层期望的现象，进而令员工感到一肚子委屈；第二种情况是缺乏公司整体战略的清晰指引，各业务单元或职能部门就按照自己的理解各干各的，出现很多在"部门墙"⊖基础上更严重的不协作，甚至互相矛盾与冲突；第三种情况是很多团队做了与企业发展需要完全不符合的产品与投资，运气好的虽有业绩表现但实际上并不是企业战略所需，属于偏离了主航道，运气不好的可能会严重浪费企业资源。如此种种弊端，不一而足。

借用《战略三环》里面的一句话："有了战略并不一定带来企业的成功，但是缺乏战略就一定带来企业的失败。"讲不清楚企业的战略，也会带来企业的混乱与低效。所以，对企业创始人和 CEO 而言，讲清楚企业战略、做好企业战略宣导是最重要的事情，没有之一。

1.2　如何做好战略宣导

所谓"对症下药"，做好战略宣导，首先要分析企业战略宣导出问题的根本原因。第一种情况是，企业创始人本身对企业战略还缺乏认识或没有掌握战略管理的方法论。很多中小企业的创始人或 CEO 很容易把战略等同于目标，认为"未来三年实现百亿收入"就是战略了，然后对目标从何而来也缺乏一整套符合逻辑的制定方法，从而让员工认为这种战略是"老板拍脑袋拍出来的"。这种战略从源头而言就是讲不清楚的。第二

⊖　部门墙，企业内部阻碍部门之间、员工之间信息传递、工作交流的一种无形的"墙"。

种情况是，企业创始人或 CEO 认为战略是少数人的事情，只要企业高管搞清楚和对下分解就行了，中基层只负责执行，没有必要了解战略的具体内容和细节。在这种情况下，战略变成了高层机密，自然不需要对下沟通宣导。第三种情况是，企业创始人或 CEO 认为已经高度重视战略宣导了，各种会议上都在讲，员工们就应该理解到位了。其实，他们忽略了一点：宣导并不等于只是靠口头讲，而是需要注重方式方法的。

要解决第一种和第二种情况导致的问题，需要企业创始人在战略制定之初就确保自己搞懂了战略管理的基本逻辑和原理，并采用战略共创的方式让与战略执行有强关联的人员参与到战略制定过程中。企业制定战略的传统做法有两种：一种是企业创始人和 CEO 与部分高管或者职能部门负责人一起，根据企业创始人或 CEO 个人的理解和偏好，参考一些模板，形成所谓战略规划；另一种是邀请战略咨询公司帮助制定战略，企业创始人或者 CEO 接受访谈，给出自己的一些判断和意见，由咨询顾问撰写好战略方案，汇报通过后形成文字。这两种传统做法都已经被验证有明显的缺陷：极少数人制定的战略，并没有战略执行人员的参与，会让战略执行效果大打折扣；而外部咨询顾问不可能比企业内部人员更懂企业的业务，完全假手顾问来制定企业战略，等同于把方向盘交给了副驾。因此，现在比较受欢迎的一种做法是强调战略共创，也就是企业内部和外部共同收集对于制定战略至关重要的数据与信息，如行业发展趋势、竞争格局、目标客户的消费习惯和痛点、公司内部的财务及运营数据等，然后选定一个比较容易理解的战略管理方法论，如"战略三环"、IBM 的业务领先模型（Business Leadership Model，BLM）、惠普的战略规划十步法等，再把企业中高层集中在一起，用结构化的方式来研讨和制定战略。在这个过程中，企业创始人或 CEO 要时刻与管理团队进行沟通和分享，将关于客户、竞争格局、核心竞争力、商业模式、企业的 SWOT[⊖]、阶段性目标等战略的

⊖ SWOT 即优势（Strengths）、劣势（Weaknesses）、机会（Opportunities）和威胁（Threats）。

关键内容传递给参会人员，这本身就已经是战略在最前端、最上游的一种宣导了。"真理不辩不明"，在战略共创过程中，与会人员被鼓励进行有建设性的质疑和挑战，大家对战略相关内容的讨论与澄清，有利于参会人员搞清楚战略的由来和内涵。整个战略共创过程产出的成果，会让企业创始人或 CEO 对战略是怎样一步一步做出来的有一个完整的理解。在战略执行阶段进行战略宣导时，他们就能够带领听众回到战略共创的场景，并用生动的语言让听众对战略产生深刻的认识和共鸣。战略共创的成果往往会提炼成一些容易记忆和传播的口号或符号，如 "3＋X" "2 个 100" "3 的 3次方" "一体双翼" 等。这些口号或符号会极大地提升宣导的力度。另外，战略宣导除了 "宣导"，还要 "贯彻"。而战略规划与解码的过程，让战略层层分解到业务动作，又让企业中高管都承担了具体的战略责任，这就让企业创始人或 CEO 能够关注企业战略向下分解穿透的过程与细节，帮助企业员工认识到自己工作与企业战略的连接，从而形成 "上下同欲"，这样的战略宣导才是富有生命力和感染力的。

　　针对第三种情况，企业创始人不能停留在 "各种会议上都在讲" 的层面。企业应该动用各种渠道和方式，让企业战略能够以通俗易懂的方式被企业广大员工所感知与理解。常用的方法包括企业创始人或 CEO 致全体员工的一封信、内部 OA 系统上的图文讲解、员工论坛上的主题讨论、公司文化墙上的宣传标语、视频直播、年会及重要会议上的演讲等，进行三维立体的全方位宣导与渗透。但是，这些都还是偏重形式上的安排，本章会分享一些比较好的、在某些知名企业得到验证的优秀实践。

　　我们的合伙人曾经受邀到京东集团，担任一个研讨会的教练。这个研讨会的目的就是让集团的中层骨干接受战略管理的系统培训，然后把京东集团的最新战略融会贯通到这个培训当中，让他们理解京东集团制定战略的逻辑和根本方法。最重要的是，面对京东集团的战略成果，这些中层干部还需要学会如何在规定的 30 分钟内系统性地讲解京东集团的战略是什么，从而为他们回到工作岗位上对下宣导做好准备。在教练传授一些战略宣导的技巧之后，每一位中层干部都走上讲台，面对听众进行脱稿讲演，整个过程都用摄影机拍下来。演讲结束后，由听众和教练给予反馈和调整意见，这些中层干部还可以拿视频回去不断揣摩和练习，从而保证在自己团队宣导京东集团战略的效果。

某医药公司的创始人，曾经对公司内部战略宣导的效果不好表示很苦恼。外部顾问发现，这位强势的创始人每次给公司中高管口若悬河地讲解了公司战略之后，会习惯性地问对方"听懂了吗"，然后这家公司的中高管都会胆战心惊地回答"听懂了"。当然，实际上大部分人是没听懂的，但是他们不敢问，或者出于面子而不好意思说没听懂。在这种情况下，顾问给该企业创始人提供了一个建议，即常说的"学习的最佳方法是去教"，也就是让每一位中高管都利用公司周会的时间，轮流来宣导公司战略。讲得不好的，就根据大家的现场反馈（当然主要是企业创始人的反馈）进行调整，下一次再来尝试。利用这个办法，这家公司的中高管们迅速地形成了对公司战略的一致性认知，熟悉了战略的关键内容，掌握了战略表达的技巧，在这个基础上再向下进行战略宣导，就能确保中基层对公司战略的理解不会有大的偏差。

当然，更为严谨的也备受推崇的一种战略宣导方法，是让一家企业在制定战略时用研讨会或者工作坊的方式，从最高层逐级扩展到各个业务单元与小团队。在企业的公司级战略形成之后，立即让各一级部门（业务单元及职能部门）的负责人召开部门的战略解码会议，既要承接公司级战略，也要共创部门相对应的目标与行动。在这个过程中，部门负责人必须宣导公司级战略，作为部门战略共创的输入。部门的全体员工参与这个过程，就自然在公司级战略与部门工作、岗位工作之间建立了清晰的连接，每个人都能够进行基本的战略讲解。之后，在定期的战略检讨与复盘的时候，每一位负责战略任务的干部，首先要复盘的就是将公司级战略分解到自身的关键行动，从而不断强化自己对公司级战略的认识。其他参与的人员也能够从中清楚地看到公司级战略分解落地的层次关系。

回到本章开始的两个案例。第一个案例介绍的是一家互联网消费金融领军企业。值得庆幸的是，这家企业的创始人是一个从善如流、坐言起行的人。他之前就隐约知道企业内部中层管理人员对企业"1+2"的发展战略可能理解不到位。所以，在中层管理者培养项目第一模块暴露出学员对企业战略不清楚的问题之后，他立即听取了培训工作小组及顾问的意见，召开了学员恳谈会，认真倾听学员的问题，并再次进行了战略宣导。最重要的是，他们开始调整战略制定的做法，让中层管理者一开始就能够参与到战略研讨和季度复盘，让他们的战略理解能够前移，并鼓励他们在学习模块中苦练战略宣导的能力，强化向下的战略宣导，帮助企业创始人将战略贯彻到一线。

第二个案例中，面对公司战略不清晰和职能部门负责人对部门重点工作语焉不详的情况，顾问与会议组织者密切合作，在深入进行行业分析的基础上，基于数据和该职能工作规律，推动团队大胆推演公司级战略作为部门重点工作共创的输入，即这个职能团队首先要推演"公司未来三年大概率会发生的重大事情"。比如，从全球的市场容量、成长性及消费趋势来看，这家企业由于具备自有品牌及自建站，并不像其他主要依靠亚马逊开店的跨境电商，所以可以保持每年50%以上的高速增长。又如，从以往的市场结构来看，跨境电商的市场主要是欧美发达市场，但是随着中美贸易摩擦加剧，出于保持增长和规避风险的需要，亟须扩展其他地区市场。运用这种推演的方法，这个职能团队基本上找出几个公司必然要面对的重大战略主题，并把这几个战略主题作为影响该职能部门需要并规划职能工作的驱动要素。最后，根据这些驱动要素，明确职能团队本身的发展目标与战略措施。

　　关于职能部门负责人对公司级战略和团队发展不明确表态的问题，顾问通过会议日程的精心安排，一步步深入，通过在过程中设计关键环节，为其提供选择题和论述题，进而使该负责人开始与团队分享他内心的真实想法，以及他对团队很多具体问题的看法及期望。虽然这个会议只做出了一级行动分解，还留下了团队后续继续向下分解的空间，但是对公司级战略以及职能工作本身的"目标、路径、关键行动、责任"这些关键点而言，整个团队感觉清晰度已经大幅提升，在会议的结尾产生了更明显的信心与斗志。

1.3　战略复盘

　　荀子说："君子博学而日参省乎己，则知明而行无过矣。"这是古人总结出来的通过反思复盘来推动自己进步的智慧。"复盘"一词是围棋术语，也称"复局"，是指对局完毕后复演该盘棋的记录，以检查对局中招法的优劣与得失关键。在军事学上，将帅们会利用沙盘来推演一场战事，然后在战事结束后倒推之前的每一个决策和行动，以发现当初的思考与分析是否存在问题或者如何做得更好。在企业战略执行阶段，更要强调复盘的重要性，把复盘当成一个定期的关键环节，从而确保战略的可执行性和实现既定战略目标。

　　战略不像日常经营管理，可以按照日或周来跟进效果和做出反应，一般会按照季度的节奏来组织战略复盘。因为战略复盘通常是以企业高层会议的形式进行的，内容上强调反思与检讨，所以又被称为"战略反思会""战略检讨会"等。无论如何命名，战略复盘的严肃性与重要性并不亚于战略的澄清与解码会议，同样需要精心筹划与安排。我们团队比较推荐的战略复盘会议（见表1-1）应包含以下几个核心内容：

　　1）分析战略环境的变化，如客户端、市场端和竞争对手端的动态和对公司的影响。如果出现了剧烈的环境变化，原定的目标和战略措施可能需要进行大的调整，甚至推倒重来。

2）公司各场"必赢之仗"的具体推进情况以及背后的原因，对好的方面和不好的方面都要分析清楚，要求有数据支撑、直击问题的症结。

3）挂帅人和责任人评估上一季度战略实施表现，并提出下一季度战略实施建议，包括是否需要问责与调整人员。

表 1-1　伟略达设计的季度战略复盘会议议程安排

日期	议程内容	发言人	开始时间	结束时间	时长/min
×月×日	主持人导入	分管战略的副总裁	09:00	09:05	5
	外部市场环境变化	战略管理负责人或外请行业专家	09:05	09:35	30
	内部经营情况	财务负责人（从管理会计角度出发）	09:35	10:00	25
	第一场仗推进情况及下一季度滚动计划	挂帅人	10:00	10:30	30
	参会人员质询与回应	参会人员及该场仗的相关责任人	10:30	10:45	15
	CEO 及董事长提问和提要求	CEO 及董事长	10:45	11:00	15
	现场评价打分	主持人	11:00	11:02	2
	...				
	第 n 场仗推进情况及下一季度滚动计划	挂帅人			
	参会人员质询	参会人员及该场仗的相关责任人			
	CEO 及董事长提问和提要求	CEO 及董事长			
	现场评价打分	主持人			
	...				
	1～2 个关键议题讨论		16:30	17:30	60
	CEO 布置下一季度关键行动	CEO	17:30	18:00	30
	董事长关闭进话	董事长	18:00	18:15	15

注：伟略达公司 2018—2020 年研究成果。版权所有。

在组织战略复盘会议的时候，有以下几个关键要点：

1）提前一周给挂帅人发出标准的检讨 PPT 模版，收集各场仗的检讨材料，保证质量和真实性。

2）准备相关的市场分析资料和内部经营数据。

3）针对企业创始人或 CEO 关注的新议题，准备好相关分享材料。

4）安排好现场评价打分程序。

5）严格管理好时间，记录好质询的要点及关键跟进事项。

6）营造严肃、认真、研讨的氛围。

如果不是发生了重大的"黑天鹅"事件，让企业所处的商业环境发生了超出做战略规划时分析和预见的巨变，企业的战略，尤其是"必赢之仗"应该要保持相当的稳定性。输入参数变了，过程与结果当然就要随之而变，而对这个输入参数要清醒地判断其改变的性质和程度。比如，教育政策的突然调整，彻底改变了基础教育细分行业的前景，这时候相关企业必须从根本上改变原有战略，果断选择战略的转型，另行制定合适的"必赢之仗"。而对于一家生物医药企业而言，即使某个季度当地政府出台了一些关于药品销售的新的政策规定，也未必会对其当年"提升运营效率"的必赢之仗带来根本性冲击，更不会对3～5年内实现"强化创新药物研发管线"的战略重点带来大的变化。

在战略复盘中，真正要关注的是"必赢之仗"推进过程中暴露出来的业务和管理上的问题，以及背后深层次的组织和人才问题。在我们团队参加过的若干次战略复盘会议中，最常见的是承担战略任务的人把战略推进不力归咎于政策不利、经济周期变化、同行恶意竞争、企业资源配置不到位等外因，鲜有人从自身出发，通过解析自己的战略思维、竞争意识、团队领导力等来找到内因。因此，我们给所有进行战略复盘的企业一个恳切的建议：高质量战略复盘的关键在于让每一个在战略执行中承担战略任务的人都把战略复盘当成一次提升自己和组织能力的机会，并能够从内而外寻找到后续战略纠偏与纵深的关键点。

2022 年 4 月，我们项目团队参加了一家初创型科技企业的第一季度战略复盘会议。会议的第一部分议程是回顾公司的整体经营情况。该公司财务人员展示的财务业绩比较惨淡。她解释说这是因为疫情导致原材料供应不稳定和工厂停工。但是，顾问带着参会人员一起深挖这一问题，发现在其背后其实是战略上的失误。这家企业 2022 年的第一场必赢之仗是"为进入新的市场而拿下几个重要的大客户"。然而，分管销售的联合创始人明显不愿意谈起开发客户不利和订单偏少这一事实和背后的原因。顾问团队提出了几个关于获取大客户不顺利的问题，请与会者共同展开讨论。讨论中，一些深层次的问题开始暴露出来。比如，在 2021 年年底战略解码过程中制订 2022 年销售计划的时候，这位联合创始人按照自己的经验和想法锁定了几个目标大客户，而且把销售任务的大部分都押注在其中一个目标大客户身上。然而，这个销售计划并没有在企业创始人和其他联合创始人构成的经营班子层面认真讨论和达成共识。又如，在进行大客户接洽时，由于企业之间所谓的"对等"原则，客户方因没有看到这边企业创始人出面，故而未派高管参会，从而导致业务合作的沟通与交流始终徘徊在低层次上。这个时候，企业创始人很诧异地问："我怎么从来没听销售的同事说需要我参与？"这位联合创始人随即回应了一句："这么重要的事情您不应该主动过问吗？还需要我们提醒？"现场的气氛顿时变得严肃和凝重起来。我们参会的合伙人打破僵局，提了一个问题："能否反思一下自身可能存在什么原因导致出现了今天这个局面？"企业创始人思考了几分钟，诚恳地说："我需要给大家说一下我的心里话。我平时有顾虑，觉得如果过多地询问销售团队的一些工作安排，大家会觉得我是不信任他们的能力。所以我从来没有去确认过销售计划，也没有确认过在获取大客户这件事情上我应该参与的程度。"这位创始人主动和真诚的自我检讨触动了其他参会的管理人员。随后，分管销售的联合创始人也分享了自己的反思，即自己在面对新市场时过于自信和对困难估计不足。在我们参会的合伙人引导下，这个企业的经营班子根据市场和竞争的动态发展，实事求是地调整了战略目标。会议也明确了企业创始人要调整工作优先级安排，成为获取大客户的第一责任人，协调内部研发、销售和供应链团队，务必在第二季度在大客户拓展方面取得突破性进展。

就这个案例而言，"获取大客户的战略任务执行不顺利"背后有三个原因：既有合伙人之间的沟通与信息共享问题，也有创始人工作优先级安排的问题，还有第一季度"黑天鹅"事件的原因。但是，如果领导层为了照顾彼此的情谊或者面子，只针对表面的问题寻找一个最容易解释的原因，而忽略了当中更深层次和需要着力解决的问题，那么这样的战略注定会不断出现执行问题和重复犯错。反之，对于一个真正追求战略执行力的企业而言，在战略检讨时找到问题的根本原因，尤其是人和组织的内因，并快速采取行动来纠偏，甚至局部修正原先的目标，才是确保战略能够纵深执行和取胜的重点。

在这个战略检讨和纠偏的过程中，最为困难的是人的问题。比如，一场"必赢之仗"在执行过程中明显出现了挂帅人无法履职的情况，无论是能力不足，还是意愿不充分，又或者出现了家庭等其他方面的不可控因素，都非常考验企业创始人或者CEO。如果以战略大局为重，企业创始人或CEO的第一选择可能是换将。但是，如果企业之前没有搭建好人才梯队，可能会出现无将可换的尴尬局面。如果照顾到情感、面子等其他要素，那么企业创始人或CEO会犹豫迟疑，结果将问题拖延下去。因此，最优解是企业为了战略发展，及早储备"良将如潮"的人才队伍，可以及时换将；次优解是将"必赢之仗"转为交给几个高管一起负责；最差的选择则是等待并错过战略发展的时机。因此，战略复盘就把企业创始人或CEO为了战略有效执行而必须做好识人用人、打造经营班子、推动组织变革这些功课的重要性凸显出来了。

第 2 章

战略执行的关键问题：识人用人

战略需要合适的人来执行，这几乎是常识。但是，企业在制定战略和付诸实施的时候，往往暴露出企业创始人或 CEO 在识人用人方面的各种问题，从而导致企业战略在起跑线上就已经埋下隐患，甚至注定了失败。所以，把人与战略任务匹配起来，是战略执行的重要功课。

2.1 企业创始人在识人用人上的误区

2022 年上半年，我们与一家快速发展的制药企业 A（以下简称 A 企业）合作组织变革项目。在前期诊断访谈的时候，该企业高管称："我们企业过去 5 年，原来的高管全部都换过了……去年的员工流失率达到 60% 以上……人力资源总监过去 3 年换了至少 5 人。"我们团队研判："可能和我们很多客户的情况一样，这家企业也因为创始人经常看错和用错人而影响了公司发展。"在我们向该企业创始人访谈企业人才队伍情况的时候，这位创始人主动分享了他的痛点："企业早些年引入了一批跨国公司高管，但发现不接地气，我就赶快将人员换掉了。后来人力资源总监位置缺人，我也是求贤若渴地找人。但是不管是猎头推荐的，还是我自己通过朋友去发掘的，进公司后都不能帮我解决问题，我也就快速换掉了他们。对这个问题我也很苦恼，这也是本次找你们合作的一个重要原因。"

我们突然发现，如果把这位企业创始人和他的企业算上，在过去的两年内，我们遇到的因企业创始人或 CEO 识人用人不当而导致出现问题的企业已不下 10 家了。并且，这些企业面临的问题都极为类似，都是创始人或 CEO 在高管等关键岗位上不断换人，换人的结果又导致公司和高管们不欢而散，甚至有些高管还和企业发生纠纷，要对簿公堂。

我们还发现，这类企业的创始人或 CEO 基本上分为两种：一种是心理很强大，觉得都是被换掉的高管有问题，所以还必须不断地寻找合适的人；另一种则是心灰意冷，不想再从外部寻找合适的人，而是从内部找年轻人先顶上。若内外部都没有合适的人，企业创始人就自己先兼任这个职位，结果一不小心自己就身兼了多个关键岗位的职务，不仅忙得不可开交，还拖累了企业的发展效率。至于还在企业就职的关键人才，则战战兢兢、如履薄冰，担忧某一步做错就会被企业创始人撤职。甚至有些关键人才不愿意晋升高管，原因就是"离老板越近，老板越有可能看错自己而把自己换掉，还是有距离美比较好"。这些企业在用人方面的口碑不佳，甚至可能已经上了各猎头公司的"黑名单"。其实，这些企业的创始人大部分都是舍得支付高薪的，并且这些企业很多都处于快速发展期，有良好的行业发展前景。那为什么会出现高管的高流动性呢？究其原因，都是因为企业创始人踩到了识人用人的"坑"里面，陷入了误区。那么，企业在战略执行中，具体存在哪些识人用人的误区呢？结合我们长期的咨询案例和合伙人在企业担任高管的工作经验，我们总结出来以下三个较为典型的误区。

1. 第一个误区：盲目相信大公司经历

首先，在识人用人这个事情上，不少企业创始人和 CEO 都是抱有困惑的，尤其是中小型企业的创始人。国内知名的人工智能与机器人加速器科沃斯的"X-MAN"加速营曾经做过一个统计，200 多位参加加速营的创始人反映的前三的痛点问题之一就是"很难精准识别人才和用好人才"。在企业发展初期，企业创始人的时间、精力多用在抓产品和销售等方面，其个人成长经历也大都来自研产销这些企业价值链的主要环节，而在如何精准地识别人才与用好人才方面未经专业训练，基本是靠自己的直觉与个人喜好来对人进行判断的。事实上，深刻认识一个人是比做好产品和销售还要复杂的专业领域，而要把合适的人放在合适的位置上，更要求用人者同时对"人"和"岗"有准确的理解，才能实现"人岗匹配"。这就为擅长产品或销售的企业创始人带来了很大的挑战。在这种情况下，他们最愿意尝试的是在同行业或者明星企业里去"挖"人。因为他们认为要挖的人才在大公司拥有业绩和光辉履历，找错人的风险自然会减少。这时候大概率会出现一个现象：被挖来的人才带着光环和优越感而来，但是在企业关键岗位上干了一段时间后，企业创始人却逐渐觉得这些人才与预期相差甚大、性价比很低，开始对他们不断谈话提醒、训诫，甚至在公开场合进行批评，直至无法容忍而让他们离职。在这个过程中，企业创始人没有意识到关键的一点：这些人才虽曾在大企业就职，并不意味着他们经历过自己企业所处的发展阶段。大企业的体系完善、员工职业素养好，所以这些人才在良好的管理基础上能发挥自己的专业或技术专长，员工管理的难度比中小型企业要低。企业创始人请这些大公司的人才到自己的企业，是希望对方帮助自己建立体系、提升员工能力和组织能力，而这可能恰恰是对方没有干过的事情。

有一家营收规模 10 亿元的民营企业决定实施相关多元化的集团化战略，其中有一场必赢之仗是"迅速开展组织变革，实现集团化管控"。该企业创始人出于对某高科技龙头企业的崇拜，引入了一名有这家龙头企业 HR 背景的资深人士来公司担任首席人力资源官（CHO），负责推行集团化管理。然而，这位 CHO 在之前的高科技龙头企业任职时，该企业早已经实现了事业群（Business Group，BG）管理后的阶段，因而这位 CHO 根本不理解该高科技龙头企业前期组织发展的背景和逻辑，来到这家规模小很多的民营企业后，就照搬了老东家"铁三角""BG+BU（Business Unit，业务单元）""三权分立"等有特色的组织体系。这种组织体系没有与这家民营企业的发展阶段、战略、业务和人员能力适配，等于"小孩套了件大人的衣服"，很快出现了组织混乱和效率降低的情况，甚至严重影响到业务发展。同时，企业创始人发现，这位 CHO 很喜欢在办公室和自己谈论那家龙头企业的经营管理之道，但是很少花时间去一线了解本企业的业务和管理的具体情况，与其他同事也格格不入，根本无法真正融入自己的企业。于是不久后，企业创始人只好请走这位当初自己三顾茅庐请来的 CHO。

这个案例警醒企业创始人：在引入明星人才的时候，需要撤除对方的光环，冷静地看清对方的经历与自己企业发展阶段的适配性。当这种适配性不明显的时候，企业创始人特别需要花时间去进行验证。

2. 第二个误区：晕轮效应

心理学上讲的晕轮效应是指人们对他人的认知首先根据初步印象，然后再从这个印象推出他人的其他特质。换言之，人们对人的认知和判断往往只从局部出发，通过扩散而得出整体印象，即常常以既定印象概全。晕轮效应在正常人身上很容易发生，企业创始人也会在这方面踏入误区。

比如对待老部下的问题。一些企业创始人会根据过去与某个下属打交道的经历，对这个下属形成一个印象，然后在决定一些工作任务的时候，并没有考虑这个工作任务与当初对下属形成的印象之间是否有直接的关联性和匹配性，就将任务交给这个下属。某家生物医药企业的管理团队，在企业决定要进入前沿的细胞治疗领域时，关于这块新业务的负责人人选问题，内部产生了比较大的争议。企业创始人在 HR 提交的人选名单上面提出了自己中意的人选，而主要原因是这个人曾经在企业创业阶段体现出"有想法、有魄力"。然而，企业创始人忽视了一点：在企业创业阶段，企业主打的是仿制药，那个时候这名处于销售岗位的下属对如何建设销售渠道和攻克一些销售难点问题体现出一些令企业创始人欣赏的素质，也推动了业务发展。可是，后来企业规模提升，组织也日趋庞大，企业创始人并没有更多的机会近距离地与这个下属打交道，平时只有在开大会、搞团建和走市场的时候有过简单的沟通交流。因此，企业创始人对这个下属的认识还停留在五六年前的时候。面对要开展的前沿的细胞治疗业务，企业创始人首先认为这个人选仍然会"有想法、有魄力"，但是没有坐下来认真听一听 HR 对该岗位胜任力的分析，而是"以偏概全"，把这些若干年前的局部亮点扩大到了面对战略任务的全部胜任力上面。他忽略了两个事实："人是会变的"和"局部不能代表整体"。后来的结果是，该人选在对公司很重要的战略岗位上沿用了过去的做法，认为主要做好合作与渠道开发、搞好业务中的人际关系即可。这位业务负责人没有抓住新业务专业性强、团队与合作机构复杂的特点，没有匹配的专业知识和人际技能，进而导致新业务推进不力，让企业白白浪费了宝贵的时机。

这个案例告诉企业创始人，在面对人才的时候，需要警惕晕轮效应。既不能把一个优点无限放大，也不能只盯着别人的一个短板就对人全盘否定，不能仅靠自己的既往印象来判断一个人，而是要结合企业人力资源的专业能力和最靠近人才的员工提供的相关信息来更新对人才的认知，从而判断人才与岗位匹配的胜任力。

3. 第三个误区：只欣赏跟自己一样的人

在企业刚刚起步的时候，企业创始人会倾向于选择跟自己很像的下属，比如在专业、教育背景、性格、风险偏好等方面和自己一致，特别是性格接近，其道理好像无可厚非——"可以相处融洽从而提升效率"。长此以往，企业创始人或CEO逐渐形成了自己的用人标准，而这个用人标准背后其实是对自我的欣赏。在企业发展的早期，这种识人用人的方法并没有大问题，但是它会逐步影响企业的成长，甚至导致企业在用人上出现明显的"趋同效应"和排斥异类，妨碍企业规模扩大和新业务扩展，特别是在企业创始人无法再亲力亲为管理具体业务的时候。

一个企业成长到具备多个业务和职能部门的阶段，管理团队自然会出现多元化的需要，无论是专业背景、性别、性格还是关键经历，这样才能形成互补，而且可以避免"趋同效应"带来的决策风险和能力结构单一的问题。

某游戏公司的创始人特别喜欢讲国学，而且崇尚中医。他的老部下们也因为熟知老板的喜好，所以都投其所好，对这些领域颇有研究。这位企业创始人在面试的时候，习惯性地会问对方有没有国学或者中医方面的知识或喜好，如果对方没有明显的爱好，他就不会给予很高的评价；如果对方表示不了解甚至比较不喜欢，那么他更没有兴趣再和对方深聊下去。在企业内部，进行人才选拔的时候，大家都心照不宣地排斥那些对创始人的个人喜好不认同或不跟风的人。这样一来，一些具备关键业务或管理能力的人，仅仅因为这些无关紧要的方面没有得到上级和企业创始人的赏识而失去了受重视和晋升的机会，纷纷选择离开；不离开的人也学会了包装自己，免得让自己无法进入"俱乐部"而被边缘化。整个企业的风气和氛围变得"唯上"与"去科学化"。结果，当这个企业发展到一定程度的时候，企业内部上上下下都已经知道企业没有形成人才梯队、业务后续乏力。因为无法培养或吸引到企业紧缺的关键人才，尤其是对游戏公司而言至关重要的产品经理和技术专家，公司的产品也一直靠早期的几款棋牌类和走国风路线的游戏勉强撑着，明显遇到了发展瓶颈。

这个案例提醒企业创始人，要清醒地认识到：不适宜将个人偏好等同于甚至凌驾于企业的价值观和关键成功要素之上。在识人用人方面，仅仅根据个人的喜好去选择所谓"同路人"，而不是从企业发展的关键能力和团队互补性去考虑，那么企业的组织能力和长远发展可能会受到不利的影响。

2.2　基于素质冰山模型的识人之道

由于对人才做出准确的判断是"正确而困难的事"，而这一判断深刻地影响到企业的长远发展，所以企业创始人在企业制定战略和执行战略的过程中必须重视识人与用人，并且在企业发展过程中要把人才管理放在和产品研发、销售及融资一样重要的位置上。与此同时，企业创始人需要花时间接受识人用人方面的专业培训，多阅读心理学和人才管理方面的书籍，寻找这方面有经验的专家提供辅导。在这个专业领域，众多心理学家、组织行为学家和人力资源管理专家广泛推荐使用素质冰山模型来系统化、科学化地形成对人的认知和判断。

美国著名心理学家麦克利兰（D. C. McClelland）教授第一个提出了"素质胜任力"的概念并建立了冰山模型（见图 2-1）来解释人的素质构成。人们大部分对人的认识都来自冰山浮出水面的部分，也就是显性的部分，如知识和技能等，而这部分也恰恰是一个人简历的主要构成部分。所以，企业老板识人用人的时候极有可能是根据人才的简历来做出判断，而没有深入到冰山的水面以下部分：人的社会角色、自我形象、内驱力等。而从长远来看，正是这些要素才真正决定了"一个人究竟是什么样"，它们是带来长期成功的个人特质。有了这个精准的识人模型，才能在人与战略任务之间进行匹配，从而保障战略的有力执行。

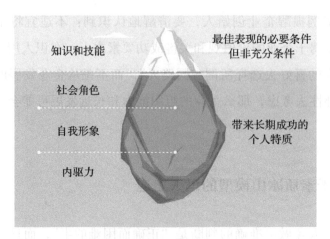

图 2-1 麦克利兰的冰山模型

资料来源：MCCLELLAND D C. Testing for competence rather than for "intelligence" [J]. American psychologist, 1973 (28): 1-14.

至于如何判断一个人的价值观，甚至底层的内驱力或者社会动机，企业创始人完全有机会通过学习来理解这些不同层面的内涵。这里简要介绍一些测评工具。

（1）**关于思维** 思维是指人接收信息、处理信息的过程。人的思维从不同角度来解读可以有不同的特点。比如，常见的有基于左右脑结构的理性思维与感性思维、分析性思维（Analytical Thinking）和与之相对的概念性思维（Conceptual Thinking）、基于反思和客观分析的批判性思维（Critical Thinking）、基于开放性和独创性的创新性思维、聚焦性思维与发散性思维等。这方面比较常用的测评工具是美国心理学家罗伯特·斯滕伯格（Robert J. Stemberg）开发的思维风格、英国心理学家瑞文（J. C. Raven）创制的考察逻辑分析能力的瑞文智力测试、理解个人学习偏好的科尔伯（Kolb）学习风格等。这些工具都能够提供一个人在思维方面的关键信息，从而对其岗位胜任力、与战略任务的匹配性方面形成适合度的判断。

（2）**关于价值观** 简单来说，价值观就是一个人把什么看得更重要，也就是其对若干事物的价值排序。比如事业、家庭、个人空间、金钱等这些对大部分人来说至关重要的东西，在一个特定的场景下，其重要性的排序，决定了一个人会为此产生什么样的行为。对于企业而言，强调组织核心价值观，就是希望全体员工与企业组织一致，理解对企业组织来说什么是最重要的、什么是次重要的、什么是不重要的。一个员工只有认同企业的价值观，才可能实现个人价值观与组织价值观一致。但是，在员工的心智当中，有很多企业价值观无法反映的重要性排序会深刻影响员工的行为，并对企业产生方方面面的结果。所以，企业创始人对于价值观不能停留在口头强调其重要性上，更要基于对价值观的深刻理解，掌握相关测评工具来准确进行人才评价。比较常用且有效的一种测评方式是给出一个情景式问题或者结构式问卷，然后让人才对此进行重要性的强制排序，从而理解其倾向或偏好。或者，企业创始人可以在与人才互动的过程中，有意识地观察其采取行动背后的选择依据，从而总结出其基本的价值观。

（3）**关于性格**　性格对一个人的重要性不言自明。性格是一个人从小到大逐渐形成的特质，既有遗传的因素，更多的是后天的积累。俗话说"江山易改，本性难移"，也指出一个成年人性格的可塑性在正常环境下是比较低的。对于企业创始人而言，了解一个人的性格其实有多种方法与工具可用，但是前提是分清楚哪些是性格和哪些不是性格。举个例子，很多企业创始人都强调在企业里一个关键人才必须"有担当"。但是同一个词，不同人对其内涵的解读是不一样的。有的人认为这个词是强调一个人的"责任心"，而另一些人则认为这个词想表达的是"主动性"，还有一些人则认为这个词想说明的是"敢于承担后果"。其实严格来说，"有担当"并不是一个人的性格，而是若干行为的组合。相比较而言，"外向"与"内向"、"细腻"与"豪迈"、"乐观"与"悲观"，这些词描述的才是通常意义上所讲的人的性格特质。常用的性格测试工具包括 PDP（Professional Dyna-Metric Programs，行为特质动态衡量系统）、大五人格量表、DISC 性格测评、MBTI 职业性格测评、九型人格测评等。值得提醒的是，性格的形成与改变，本身是心理学家这么多年来一直没有得到清晰答案的问题，因此，所有的性格测评工具都有其局限性。这些工具在应用时也都会提示人的性格可能会因为环境压力和人的自我意识而出现一些改变，并不能认为单一测评工具结果的信度（可靠程度）和效度（准确程度）是很高的且不会随着时间而变化。

（4）**关于内驱力**　心理学将这个层面称为"社会动机"。作为素质最底层的部分，内驱力是人对其行为不断产生驱动作用的自然想法，以及人在某一特定领域内的关注，体现为个人成就、亲和、权力。每个健康的成年人都会有这三种内驱力，区别只是这三者的强弱程度。根据麦克利兰教授的研究，人的内驱力是幼年时期形成的，平时很难在清醒和自我意识强烈的时候感知到，但是又与价值观一起互动而深刻地影响着人们的行为。企业创始人需要对此有所了解，并尝试去探求关键人才的内驱力，从而判断一个人的底层原动力与战略任务的适配性。比如，个人成就内驱力强的人，属于"好马无鞭自奋蹄"，因此，对一些创新的、有挑战的任务，适合让个人成就内驱力明显比其他人强的关键人才去承担；而一些需要不断影响他人、通过组织与协作才能完成的战略任务，则适合让权力内驱力更强的人去承担。比较遗憾的是，到了这个层面，现有的心理学工具都无法给出一个具有高信度和效度的测评结果。因此，对人才内驱力的判断主要依赖于对人才的长期观察与持续评估。

对于企业创始人而言，理解素质冰山模型，就有机会找到专业的方法和工具，应用在面试、试用的过程中，对人才素质的不同层面，尤其是底层的部分做出有质量的判断。比如行为事件访谈（Behavioral Events Interview，BEI），是对具体行为事件抓取关键素质的专业方法，其中延伸出来的目标行为事件访谈（TBEI）特别适合运用在面试和短时间人才评价过程中。举一个例子，如果一个战略任务特别需要一个前瞻性很强的人选来承担，那么面试者和这个人选的谈话就可以用"请分享一个你在上一份工作中发现新机会的具体事例"来开始。这个谈话过程中要特别关注的是该人选对某些趋势性的事物是如何收集信息的、关注多长时间范围内的事物、分享的是来自广为人知的趋势还是自己独特的视角与方法、是否已经形成了明显的行为惯性等。

按照"一万小时"定律，企业创始人应坚持使用一些被证明有效的专业方法和工具，坚持长期面试关键人才和进行企业内部的人才盘点，积累经验，逐步提升对人判断的精准度。

某国内房地产领先企业的创始人是一位极有个性的人物。他在面试高管的时候往往天马行空，会按照自己的想法比较随性地提出各种令人意想不到的问题并做出判断。结果该企业的人力资源部经过统计后发现他的面试成功率比较低。他经常通过 30 分钟到 1 个小时与高管候选人聊完后，就决定是否聘请该候选人到公司任职。后来有很多按照此种方式聘用的高管均未能通过试用期，并且在试用期企业原有高管和新入职高管相处得不是很愉快。企业做出解除劳动合同的决定后，人力资源部必须去做很多劝解工作，同时企业要承担一定的额外补偿和费用。后来，经过分管人力资源的高级副总裁与企业创始人多次沟通劝解，该企业调整了高管招聘面试程序。在人力资源部和业务部门进行初面和复试之后，公司聘请有经验的专业机构与候选人进行沟通，过程中使用 TBEI 等专业工具，并对访谈结果进行解码和撰写报告，重点提示该候选人与公司战略及高管职位之间的适配性，并给出企业创始人在后续沟通中需要关注的重点问题。这些结果均由专业机构和人力资源部一起为企业创始人进行讲解，以确保其清楚自己打算问哪些问题和补充了解哪些其关心的信息，并就必问问题达成共识。最后一关才是创始人与人选正式见面。在问了事先准备好的必问问题之后，企业创始人才可以"自由发挥"。经过这样的流程调整之后，企业创始人逐渐感受到了专业的作用，人力资源部在后续跟踪时也发现面试效果有明显的改善。

2.3 战略用人之道：如何将"人"与"任务"匹配

当然，单方面强化识人并不能保证用好人。对企业创始人和CEO而言，在准确认识人才的基础上，第二个重要的问题是如何深刻地理解一个战略任务或者一个战略性岗位对人才的素质要求，并做到"人岗匹配""人事匹配"。这里给读者分享一个专业的方法。国际咨询公司合益集团（HayGroup）曾经公布了一项关于企业领导性角色的研究（见表2-1）。企业中的岗位或者角色大致可以分为三种类型：运营型、协调型和顾问型，通俗而言，即一把手型、项目经理型和参谋型，大致对应着企业的前、中、后台岗位。每一种类型都要求任职者有对应的关键素质。例如一把手型，必然要求任职者有系统思维、商业敏锐度、成就导向等素质，即人们常说的"有生意头脑"、会全面思考、有强烈的"把事做成"的驱动力。在理解了岗位对人才素质的必要要求后，就可以比较快速和准确地将人与岗位相匹配。需要提醒的是，在人与岗位的匹配上，企业不能求全责备。例如，有的企业在岗位说明书上对一些岗位的任职资格描述，对人的要求已然到了"完人"的境界，而不是针对企业发展阶段和岗位本身的主要职责去提炼出最关键和最必需的部分。因此，本书给企业创始人的建议是，对于任何一个岗位，形成最重要的不超过5条素质要求，然后在多个人选里面寻找最佳匹配，即先"岗"后"人"，从而保证了企业甄选人才的客观性和选择空间，而不至于把所有赌注押在一个人选身上。

表 2-1 合益集团关于企业领导性角色的研究

领导类型		运营型	协调型	顾问型
战略层面	全球性领导	大型的、复杂的跨国组织的最高层。这些跨国公司通常是极受公众关注的、涵盖多种技术的企业集团	—	—

（续）

领导类型		运营型	协调型	顾问型
战略层面	公司级领导	领导所有业务获得成功，尤其是指领导一个多元化企业的不同业务块、产品线和市场的企业最高层	—	—
	战略制定	关注全球的或者关键的企业目标的达成，主要是指高级经理人员和销售类管理人员	通过对不同资源进行协调和指导实施控制，发展对公司远景具有重要战略意义的目标	着眼于对公司成功起关键作用的战略间的协调与整合，是为达到公司关键业务目标而决定公司战略方向、提供战略建议的合作伙伴
	战略整合	当产品和市场发展需要现有业务能力做出重大变化时，关注如何达到业务目标的底线，通常是业务部门总经理或销售经理	通过对资源进行整合来界定并传达具体化的、可衡量的长期计划，在这个过程中，他们并不直接控制资源	着眼于具有战略意义的多个领域间的联盟与整合，为主要业务目标的成功达成提供建议和指导，被视为企业内部的思想领导者
战术层面	战略实施	对业务和销售资源进行整合，以扩展当前的盈利能力；确保短期和长期的市场需求能得到满足；管理一个庞大的、复杂的运营团队，以完成制定的远景目标	通过多种资源和多个合作伙伴之间的联合工作，来完成具体的、可被衡量的业务目标	侧重于各个不同却相互关联的领域间政策的理解与执行
	战术层面的执行	利用既定资源来完成具体的业务目标，如销售量、成本、质量和服务，以满足消费者的需求	通过内部和外部资源以及合作伙伴之间的联合（对资源直接控制而非身体力行地去执行），在明确的、既定的领域中完成具体的、可被测量的目标	聚焦具体政策在一个具体职能部门的执行

三国时期"马谡失街亭"的故事是一个经典的没有做到"先岗后人"而导致用错干部的案例。诸葛亮为进攻祁山而挑选先锋，明显需要一位具有丰富实战经验、熟悉战场地形、面对强大敌人能够进退有道的大将之才，而不是马谡这样既无一线作战经验又刚愎自用的参军。最终，诸葛亮把一个运营型角色的任务交给一个参谋型人才，出现了"任务"与"人"

的错配。后续马谡罔顾战争地形与军力和资源的具体情况，根据兵书来登山据守，导致全军溃败。智慧如诸葛亮，也仍然出于对马谡参谋才干的赏识，而没有客观做到"先岗后人""人岗匹配"。

在中大型企业里面，干部轮岗是典型的干部管理制度要求，其目的是避免一个人在特定岗位的时间过长。在干部轮岗制度的背后固然有廉洁和风险控制方面的考虑，但最主要的目的还是希望能借助轮岗培养干部的跨专业能力，寻找未来的全面经营管理人才。但是，在企业面临转型升级等重大战略发展挑战的时候，轮岗不一定是把战略任务与人才匹配起来的优选手段，甚至有可能会适得其反。某大型多元化企业集团，正在面临要调整主业、优化业务结构的关键时刻，企业领导层商议将一位战功显赫的区域负责人调到总部，以补上总部战略管理部总经理的缺位。从个人职业经历而言，这位管理者曾经担任过区域市场管理和供应链管理的角色，如果能够来总部任职，似乎可以从熟悉区域业务的角度，更好地推动集团业务结构改革。然而，这家集团的领导层仅仅关注了职业经历，而忽略了在战略转型期这个战略管理部总经理岗位任职能力要求的特殊之处。该集团公司的业务是多元化的，在进行结构优化的时候，最重要的一件事是针对未来各种产业发展的趋势来筛选符合集团发展需要的业务，明确业务组合的底层逻辑，抓住业务结构改革战略的重点和难点，并保障战略的高效执行。这一切都对战略管理这种典型的参谋长岗位提出了系统思维能力的较高要求。然而，人的系统思维能力又很难在短时间内改变或提升。这个案例中原来负责区域业务的业务干部，敢打敢拼，在集团内是出了名的"猛将"，但是他并不太擅长系统性思考。面对一个具体的战斗任务，他可以做到身先士卒、带头冲锋，但是要让他负责预判"战争"走向并策划几场主要的"战役"，则明显不是他的强项。这位干部刚到总部开展工作的时候，秉承了之前风风火火的工作作风，每天都到各个部门和各个业务单元向别人了解情况，并根据自己的理解快速提出工作建议，却没有耐心组织部门人员开展相关的行业研究和深度分析讨论。一段时间后，集团领导层在数次听他汇报未来业务结构调整的设想之后，才逐渐形成共识：在这个特殊的时期，让一个军团长来担任参谋长是不明智的。这位干部本人也越发郁闷，在新岗位上既找不到成就感，又要经常面对来自上级、平级和下级的各种无形压力。3 个月后，集团领导层被迫再次进行了人员调整，重新挑选了一位兼具业务一线经历和较强系统思维能力的干部来负责总部战略管理，而原先那位干部则被调回到业务岗位。

在企业进行战略管理的过程中，企业创始人或 CEO 需要两张图：作战计划总图和战略人才地图。

第一张是作战计划总图（见图 2-2）。这张图来自战略规划、解码的过程，列明了企业 3～5 年的战略目标和重大举措，更重要的是清晰地展现了第一年的必赢之仗以及分解的关键任务。与战略反思检讨的节奏保持一致，这张图需要按照季度来管理进度，从而让企业创始人或 CEO 在"作战室"能够清晰地看到战略推进的情况。

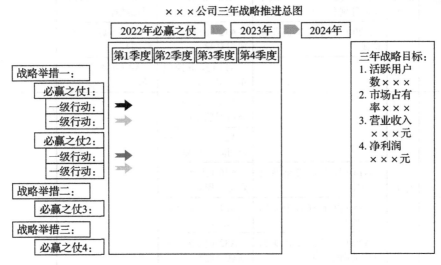

图 2-2　伟略达公司为客户设计的企业作战计划示意图

注：1. 黑色箭头代表推进不力，深灰色代表需要关注，浅灰色代表推进顺利。

　　2. 伟略达公司 2018—2020 年研究成果。版权所有。

　　要确保战略的有效管理和最终取得胜利，仅仅拥有一张作战计划总图是不够的，企业创始人还应该同时拥有另外一张图——战略人才地图（见表 2-2）。

表 2-2　伟略达公司为某多元化企业集团设计的战略人才地图

管理层次		规划和政策制定（A1 类岗位）	协调与商务（A2 类岗位）	业务与运营（A3 类岗位）	业务支持（L 类岗位）
66%	战略制定				
57%	战略整合	A9（投资控股企业战略发展部总监）		A4（投资控股企业总经理）	
				A1（旅游业企业总经理）	
				A3（酒店业企业总经理）	
50%	战略实施	A10（投资控股企业人力资源部总监）	A17（电子制造企业副总裁）	A21（综合项目公司总经理）	A11（投资控股企业规划建设部总监）
		A16（投资控股企业财务总监）	B1（电子制造企业副总经理）	A5（综合项目公司总经理）	
		A37（投资控股企业战略发展部副总监）	A18（酒店业副总裁、总工程师）	A6（综合项目公司总经理）	
		A20（投资控股企业副总裁）	A12（房地产公司副总裁）	A7（主题公园总经理）	
			A13（投资控股企业副总裁）	A8（主题公园总经理）	
43%	战术实施		A24（综合项目公司副总经理）		
			A22（综合项目公司副总经理）		
		A14（投资控股企业财务总监）	A30（主题公园副总经理）		
		A15（电子制造企业财务总监）	A31（主题公园副总经理）		
		A40（投资控股企业信息中心副主任）	A32（主题公园副总经理）		
		A23（综合项目公司财务总监）	A33（主题公园副总经理）		

（续）

管理层次		规划和政策制定 （A1 类岗位）	协调与商务 （A2 类岗位）	业务与运营 （A3 类岗位）	业务支持 （L 类岗位）
43%	战术实施	A19（酒店业财务总监）	A27（综合项目公司副总经理）		
		A29（综合项目公司财务总监）	A25（综合项目公司副总经理）		
		A38（投资控股企业审计部副总监）	A26（综合项目公司副总经理）		
		A39（投资控股企业人力资源部副总监）	A28（综合项目公司副总经理）		
			A35（酒店业企业副总经理）		
			A36（酒店业企业副总经理）		
38%	业务执行		A41（投资控股企业监察室副主任）		
			A34（传媒公司副总经理）		

注：伟略达公司 2018—2020 年研究成果。版权所有。

在表 2-2 中，企业创始人应该将战略总图里面承担关键任务的"将帅"们按照所属角色类型清楚列出，从而形成面对战略执行的"排兵布阵"。在战略人才地图中，需要将每一位关键人才具体在战略任务推进过程中的适配性用不同的颜色标注出来。比如，网纹灰代表明显不匹配或者未能完成任务，需要关注甚至替换下来；斜纹灰代表战略任务的推进有预警或者完成情况有缺陷，需要尽快提供资源或者帮扶；竖纹灰则代表匹配性强或者任务完成顺利。

在企业创始人或 CEO 制订作战计划总图和战略人才地图的时候，会清晰地暴露出企业在人才梯队培养上的真实状态与实力。如果企业过往注重人才梯队的打造，这时候才可能"良将如潮、将帅如云"，某些战略任务面临的是如何在几个关键人才当中挑选最合适人选的问题，属于"甜蜜的烦恼"。但是大多数情况下，不少企业面对的窘境是长期忽视人才队伍建设而导致"人才板凳"不够长，每个战略任务要匹配上人都已经捉襟见肘，更别提任务和人的精准匹配了。即便战略任务的完成情况很不理想，企业仍然面临无人可换、无人可用的困难。

因此，我们鼓励所有企业创始人和 CEO，充分理解和重视这两张图的关系，在构思企业未来发展战略时，及时用这两张图来推演企业战略与人才的关系，尽快在打造未来战略所需的人才梯队方面补短板和下功夫。

2.4　战略执行需要信任与授权

战略执行过程中是否只需要把人和战略任务相匹配就可以高枕无忧了呢？答案是并非如此。想要在战略执行中真正用好人，还需要考虑在企业内部是否具备以下几个重要的配套条件。首要的是企业创始人能否对下属提供信任与授权，这也是中高层管理者们认为最难的事情。一个企业管理者在适配的岗位上要想干出成绩，必须得到上级充分的信任与授权，而对中小企业来说，授权往往来源于上级的信任。因此，企业创始人用人的时候，最应该做的是用契约来体现信任与授权。企业创始人必须先把重要岗位的职责与权限设计好，最好是白纸黑字写清楚，然后在外部招聘与内部选拔的时候，用这些职责与权限来与候选人沟通，甚至基于这些职责与权限来安排面试和内部竞聘的内容。在人才的试用期，企业创始人可能只有一个选择：尽力提供资源帮助这个任职者去开展行动和兑现目标。有些企业创始人没有想到的是，这个资源里面很重要的一项体现在自己必须抽出时间与试用期的人才进行充分的、有质量的沟通。我们的顾问曾遇到过一位财大气粗型的企业创始人，他花了大价钱请了很多明星经理人来企业任职，然而自己基本上没有与对方进行过一对一的沟通交流。几个月过去，这些高管们普遍反映"我除了开会，根本没有时间和老板进行沟通，推动工作时完全不了解老板的思路和要求，但是老板又只要结果"。在这种情况下，企业创始人如果认为自己"既给了钱、又给了职位"，就体现了所谓信任，则过于低估了一个"空降兵"进入一个组织后融入组织并推动变革以取得成绩的难度。如果企业创始人不能抽出时间来帮助外来高管度过最艰难的几十天，企业就很难有机会真正用好这个高级人才。

用好人才，并不意味着仅仅在人才的试用期做好沟通、信任、授权与赋能。在我们长期辅导的一家企业中，创始人作为董事长与该企业的CEO在一起合作了多年，提供了一个长期通过信任与授权用好人才的样例。通过多种努力，这家企业的CEO度过了加入企业与创始人磨合的早期阶段。但是，在后来企业不断快速发展的过程中，新的矛盾不断积累然后陆续爆发。所幸这家企业的创始人非常有智慧，她不仅仅通过经营班子建设来帮助班子成员达成共识，还邀请有经验的外部教练在需要的时候促成她与CEO之间更有效的沟通。曾经有一次，在面对集团孵化新业务的课题上，两个人产生了明显的分歧。但是，这时候这家企业的创始人并不是简单按照职位影响力来要求CEO接受和服从，而是安排了多次的一对一沟通，并在适当的时候让外部教练参与沟通，理解了CEO的真实想法与焦虑，进而找到了解决问题的突破口。企业创始人首先理解了一个事实：CEO面对业绩压力时，更想从自己熟悉的传统业务领域寻找办法，而不是花时间去自己不感兴趣的新业务领域找机会。然后，企业创始人给CEO提供了很多外部资源，让CEO接触到新业务，看到新业务的增长潜力，以及与传统业务协同产生新收益的空间，并给CEO介绍了新业务领域的一些专家，帮助CEO对新业务产生了兴趣。同时，基于两个人开诚布公的沟通，企业创始人重新设计了CEO的绩效考核指标，而且自己还在短期内分担了一些新业务的关键任务，让CEO缓解了焦虑，能够更自如地面对新老业务并举的责任。

有必要指出的是，有些企业创始人，不知是教育背景的原因，还是个人曾在社会上受到一些"旁门左道"影响的原因，会推崇所谓的"权谋之术"，硬是把公司当成了"搞政治"的场所。比如，他们总是把自己伪装起来，喜怒不形于色，不想让下属了解自己真实的想法和情感。在用人方面，他们喜欢搞平衡、搞运动。对于很有业绩和冲劲的干部，他们会担心"功高盖主""不听指挥"，会采取一些"削藩"、限权、边缘化、调离关键岗位等手段，在企业组织内活脱脱上演了若干"宫斗戏"。在信息高度透明的今天，这些所谓"权谋之术"早已不适应现代企业追求去中心化、平台化、推行事业合伙人机制的发展潮流，不利于企业建立简单、透明、唯业绩和才能品德为标准的选人用人机制，更不利于企业在推进重大发展战略时提高效率与效能。

"知己知彼"，很多企业创始人逐渐认识到，在企业战略执行中要真正实现准确地识人用人，不是简单地掌握方法去判断和任用他人，而是首先要进行自我认知和自我变革。如在应用素质冰山模型去识别一个外来高管的价值观时，一个企业创始人或 CEO 首先要在内心里面厘清自己的核心价值观是什么，以及这样的价值观是否与公司的战略发展道路相匹配。企业创始人如果对自己的价值观尚不清楚或者回避明确自己的价值观，那么即便能通过专业方法与工具识别他人的价值观，也无法实现与他人的价值观真正统一，迟早会出现一些难以调和的矛盾与冲突。又如，我们都知道，只有理解自己和他人的性格特点，才会清楚自己在什么情境下会因为性格原因与他人出现冲突，才能进行有效的预防或者冲突管理。因此，企业创始人或 CEO 在面试高管的时候，不仅需要了解对方的性格，还必须对自己的性格做到心中有数，才能预想未来如何有效磨合、形成有凝聚力的领导团队。企业创始人在用人的时候，需要具有基本的同理心，从帮助高管成功的角度，按捺住自己的惯性与冲动，既提供充足的资源、及时充分的沟通，又不过多插手越位，才能体现真正的信任与授权，从而让对方和自己顺利度过最具挑战的磨合期。

我们合伙人曾经辅导的一位企业家是这方面的典范。这位企业家知道自己的性子急，所以在引入一位 CEO 后，为了确保自己的下属在做工作汇报时首先按照职责分工与流程去找 CEO，而不是习惯性地找自己，他让秘书在办公室门口贴上了一个醒目的温馨提示："请根据集团权责手册，先找 × 总汇报工作。"在参加有 CEO 出席的会议时，他会给自己准备一个握力器放在口袋中，在其他人看不见的地方，通过捏握力器的方式提醒自己：任何事情都要让 CEO 先面对和表态，而不是自己越过 CEO 去安排工作。

古往今来世界上伟大的领导者们，无论是《财富》500 强企业的创始人或 CEO，还是政界的领袖人物，都是在看错人用错人的过程中不断成长的。有一些企业创始人在识人用人方面屡错不改，这不仅是因为他们根本不愿意花时间在"人"上面，更是因为他们不愿意持续进行自我认知与自我变革，习惯了活在自己的世界里面。而另外一些企业创始人，深知做企业的过程中最具挑战和难度的就是不断通过培养人才做强做大组织，需要他们持续的自我认知、自我挑战与超越，因此他们会调整自己的心态与行为，把识人用人当成战略管理的第一功课，从而走上成人达己的康庄大道。

第 3 章

打造真正的战略型经营班子

不管企业处于什么发展阶段，在执行企业战略的时候，如果只能靠企业创始人亲力亲为，而不是依靠企业的体系和组织能力，则战略执行会非常低效和困难重重。企业创始人的能力再强，也不可能在企业快速成长过程中承担起价值链上所有重要的工作。而企业组织能力建设当中一个非常重要的标志，就是企业创始人是否塑造了一个真正的战略型核心领导团队，也就是人们常说的"经营班子"。原因在于，随着企业的发育和发展，企业组织系统内需要开始展开各种流程、功能、体系、标准、数据的建设与互动。这些企业组织系统的不同部分都对应着独特的知识结构和关键能力。具备这些知识结构和关键能力的一部分人才汇聚在企业组织的最高层级，他们的价值观、行为特征、互动关系等，决定了他们能否组成一个高效的、与企业战略匹配的经营班子。

3.1 何为经营班子

曾经，我们团队与一家快速成长的跨境电商企业的创始人沟通了企业的变革需要。在过去几年中，该企业抓住了机遇，从某个产品起家，迅速做到了全球某个细分领域的领先水平，年营业额达到几亿元。这时候，企业创始人开始谋划企业未来的长远发展。他最初是冲着《战略三环》一书谈及的战略管理方法论而来，想要我们从战略入手，帮助实现企业变革。但是，我们负责此项目的合伙人建议先做一个企业诊断，然后再决定下一步变革的优先级。为什么呢？我们团队成员从自身多年咨询生涯和企业管理实战的经验中总结得出：当企业谋求发展与变革时，战略有可能并不是第一位的。如果在不具备一些特定要素的情况下就进行战略共创，那么战略规划与执行是注定会失败的。果然，在完成该企业的全方位诊断后，顾问团队根据调研分析，给这位企业创始人提出的建议是：最优先要做的是打造一个真正的经营班子。等班子建设到一定的阶段，再开启战略共创。

　　原因很简单：在这家快速发展的企业中，创始人直接对十几个部门负责人进行管理。为了解决管理幅度过大的问题，同时为了发展新业务和做大企业，企业创始人已经陆续引进了几个外部资深人士来担任总裁、副总裁。目前企业面临的问题是内部新老人员的冲突使企业还没有明确的核心管理团队成员，更谈不上这些成员的融合与凝聚。在这种情况下，只有先解决好核心管理团队成员，即经营班子的问题，再进行战略研究才是明智的。这也是联想集团创始人柳传志"搭班子、定战略、带队伍"这句话里面排序的基本逻辑。可以说，企业如果没有打造一个真正的经营班子，等同于缺少支撑企业战略发展的最重要的组织能力。那么，什么是真正的经营班子？又如何建设一个真正的经营班子呢？

　　"班子"这个词和"一把手"一样，具有浓厚的中国特色。它的准确含义应该是组织的最高领导团队，英文里面叫作"Top Leadership Team"。在一个组织中，必然会有一个最重要的领导者，也就是"一把手"，而一把手与其身边最重要的若干个领导者形成了这个组织最核心的团队，负责推动整个组织的发展，这就是"班子"的内涵。于企业而言，这个班子最重要的职责就是共同负责企业的经营，推动企业战略的规划、解码与执行，因此这个班子也被称为"经营班子"。

"经营班子"和高管团队是不是一回事呢？答案是并非如此。对于中小企业而言，按照企业组织发展的基本轨迹，企业会自然"长"出很多个功能性部门。类似于上文提到的跨境电商企业，当企业创始人直接管理这些部门负责人的时候，可以认为这个群体形成了一个管理团队。但是，这个管理团队的成员并没有形成共同为企业经营承担责任的意识和角色认知。他们中的大部分人会认为经营是老板的事，而企业创始人本人也大概率会认为"这些部门负责人良莠不齐，并不是人人都具备企业经营和战略管理能力，距离一个班子还相差甚远"。所以这些部门负责人加在一起连高管团队都谈不上，更不用说是一个经营班子。对于更大的企业而言，在部门负责人上面多了副总经理、副总裁等这一管理层级，而这个层级的领导者往往要进行多部门、多职能的管理，也是所谓的企业高管。对于上市公司而言，甚至有法律法规和监管机构明确高管的定义，以及担任高管需要具备的资质要求。但即便是这些高管集合在一起，也不一定真正符合"经营班子"的定义。原因在于这个高管团队的人员过多过杂，并不是每个人都清楚他们是一个"为企业经营和战略发展共同承担责任、关注企业经营与战略发展多于分管工作的集体"。更重要的是，他们还没有得到企业创始人的高度认可与信任，能够担当代表企业进行集体决策与领导的角色。可能有人会认为没有必要这么咬文嚼字。但凡是有过企业创始人和高管职业经历的人都理解，人的认知决定其价值观和行为。如果只是因为有几个人承担了高管的职务，就把高管团队当成经营班子，那么企业创始人就会发现，他们从角色认知到行为都与一个真正的经营班子相差甚远。对于我国的上规模的企业，尤其是头部企业而言，大部分都已经形成了经营班子的概念，如华为的 EMT（Executive Management Team，执行管理团队）、腾讯的总办（总经理办公室）、比亚迪的集团领导团队等。

一个真正的核心管理团队即经营班子，必须具备以下几个关键特征：

1）组织内公认的包括一把手在内的最高领导团队，承担的职责首先是企业最重要的经营责任，即在董事会授权下对影响企业发展的最重要事项做出集体决策。

2）具有共同的发展目标、价值观与行为规范。

3）彼此之间具有互相的信任与依赖。

4）具有清晰的结构和角色分工。

只有同时具备了以上特征的高管团队，才正式成为一个真正的经营班子，体现出集体领导力。但是，以上的每一条都很不容易做到，尤其是当企业处于重大战略变革期的时候，要让团队形成战略共识、为战略的执行主动承担责任并做到"力出一孔"，是极为复杂且富有挑战的。

第一个挑战是认知的问题。企业创始人及经营班子成员如何看待班子，是否把班子定位为"包括一把手在内的组织公认的、以经营和战略发展为首要职责的团队"，决定了他们对班子的认知是否准确。有相当多的企业创始人，几乎都认同"班子十分重要"，但是嘴上说一套，实际做的是另一套，并没有把身边的高管当成可以共同制定战略的团队成员。比如，在接触到一些新的商机时，企业创始人宁可相信一些"中介"或"专家"，也不愿意让自己的下属来专项研究和讨论相关的机遇和风险。又如，当企业创始人形成自我路径依赖时，在更大程度上会根据自己过往的成功经验来判断新的机会是否成立。企业创始人一旦决定要抓住机会，就会要求高管完全以执行为导向，而不容许他们来讨论和质疑这个决策。在企业创始人的心目当中，公司的高管只负责战略的执行，而不需要参与战略目标的制定和战略措施的讨论，所以他们永远是"下属"的定位。企业创始人宁可相信大企业和知名企业家的成功故事，花大价钱聘请咨询公司来制定战略，也不愿意让高管成为战略制定的伙伴。涉及花钱投资事项时，企业创始人并没有给高管适度的授权，从而让高管为创造更好的投入产出比而主动承担责任。这样反而让这些重要的管理者远离了经营，只能开展局部的业务和管理。

在这种情况下，所谓经营班子就成了个摆设，导致在这些高管的认知当中，认为自己和同僚并没有实际的经营责任与权力，更谈不上为企业的战略献计献策，都只是为企业创始人服务的"高级员工"而已。

一家大型民营企业在 2018 年与我们开展合作。在合作过程中，我们发现这家企业正在面临未来 3~5 年战略发展方向的选择。这家企业的创始人早些年是依靠灵敏的商业嗅觉，并通过人脉关系进行了一些稀缺物资的贸易而起家的。这也是改革开放后很多民营企业早期发展的缩影。在积累了不少财富之后，企业创始人雄心勃勃地开始规划未来的企业大局。他要求自己的企业对标世界 500 强企业，形成多元化产业格局，能尽早成为中国百强企业。然而，顾问团队分析这家企业的业务结构时，发现其所有的业务基本上都具有资源型、关系型特征。如房地产、煤矿、整容医院等，都是在那个时代能够快速致富的生意，而这些生意机会大都是来自企业创始人的朋友圈或者中介。这样的业务结构，从短期看是充满暴利的，但是从中长期来看，具备周期性明显、需要重资本投入、固定资产大等特征，对企业的财务实力，尤其是现金流管理和风险管理会提出非常高的要求。顾问团队按照惯例访谈了这家企业的首席财务官（CFO）和其他几位高管。CFO 非常直接地说："我跟着老板干了很多年。现在企业的钱大部分来自借债，其实企业内已经潜伏了很大的危机。但是，我们老板的风格就是这样，我们只是打工的，根本没有资格跟老板谈战略。"其他几位高管也表达了类似的意见和情绪。其中有一位高管曾在知名的跨国能源企业供职，他抱怨道："老板认为钱可以解决一切，根本没有心思来理解能源企业长期经营的逻辑和风险管控。我来到这里后，才发现自己虽然挂了'高级副总裁'的头衔，但是我带团队做的行业分析报告老板基本不看，反而是别人推荐给他一些项目，他就要我们不管如何都要拿下。我个人认为，这家企业根本没有面向能源行业的战略可言。"

我们团队向这家企业的创始人进行汇报时，中肯地提出"重新审视和优化目前的业务组合，充分发挥高管团队的能力，以高质量增长和风险可控作为战略目标，实现可持续发展"。会议现场，所有的高管都表示认同，但是企业创始人却不为所动，迅速把话题转移到如何融资和收购兼并做大规模上面。这次会议后，我们主动终止了咨询项目合作，因为项目团队负责人判断这家企业会因为创始人的风格和缺乏真正的经营班子而难以为继。后来，这家企业的高管人员，尤其是创始人短期内花高价薪酬请来的资深人士，都陆续离开了这家企业。再后来，这家企业在面对宏观经济调控时遭遇了"戴维斯双击"，巨额亏损与资金链断裂同时发生，最后落得企业破产重整和创始人黯然出局的结果。

在形成真正经营班子的过程中，除了来自"一把手"的阻碍，还有另一个典型的问题，就是班子成员的自我认知停留在"屁股决定脑袋"，把自己分管的工作或者 KPI 当成自己的首要责任，而不是把企业的经营业绩和战略发展当成自己和整个班子最重要和最有价值的职责，缺乏经营意识和战略全局观。那么，这个班子仍然是一个"假"的班子。举一个例子，如果一名首席技术官头脑里面始终认为对自己最重要的是引领企业的技术发展与创新，而不是时刻关注企业的经营状态和战略执行，对企业的财务业绩和组织发展也并不关心，那么他就很难具备班子成员需要的战略全局观念，是一个不合格的班子成员。如果一个所谓的班子里面的成员大都如此，那么这个班子基本无法成为真正的经营班子。

不少企业中都有一个高层次领导团队，往往被冠以"总裁办""EC（Executive Committee，执行委员会）"等称谓。这个高层次领导团队都是由总部重要的职能部门负责人、区域或业务部门负责人构成的。在开会的时候，这个领导团队中的成员很容易被其他参会者判断出来他们是否"实至名归"。比如，让他们提出一些会议议题的时候，这些议题大部分都是从他们自己负责的工作出发的，如"如何组织好年度校园招聘工作""如何让总部为本区域的发展提供更多的授权""新业务的发展需要更多的资金预算"等。此外，在会议上也会暴露出一些因为缺乏跨部门协同导致战略任务推进不力的问题。而在这时，鲜有人从整个企业组织发展的角度来思考和提出解决方案，大家纷纷选择先撇清责任、"各扫门前雪"。有时参会人员心中均明白出现战略推进不顺利这一问题的原因是某个协作部门不配合，但是对这种"得罪人"的问题，参会人员并不会自己主动提出，只有等企业创始人或 CEO 去提。这些现象的出现，只能追溯为一个原因——企业创始人或 CEO 在组建经营班子的时候，没有认真挑选合适的班子成员，也没有在班子创建之初明确每个人的新角色和共同责任。

第二个挑战是真正的战略型经营班子，需要具备共同的战略发展目标、价值观与行为规范。一种情况是：班子成员共事多年，彼此熟悉，但是可能对企业未来的发展有不同的见解。在一起度过企业的初创期后，尤其是企业取得阶段性成功，比如成功上市之后，大家对企业的发展走向会产生分歧。有些人可能觉得对收益已经满足了，产生了"躺平"的心态，而有些人仍然会保持创业心态，力求企业更加有追求和更有危机感，所以在对待财富、勤奋、战略选择、风险偏好等方面都会产生不同层次的差异。这时候班子成员是否还能保持初心与定力，刷新企业未来的战略发展目标，同时在核心价值观和行为上与共同目标相匹配，成为这个班子是否优秀的检验标准。另外一种常见的情况是班子里新老成员兼有，彼此并不熟悉，但是那些带着光环加入团队的新人自然地保留着在老东家已经形成的方法论与理念，因而与班子里面的老人产生冲突与矛盾，很难形成共同语言，更难以形成共同的发展目标、价值观与行为规范。常识告诉我们，一群不具备共同目标、价值观和行为的人在一起，自然是一盘散沙，连团队都算不上，更不可能形成有凝聚力的经营班子。

有一家做人工智能（AI）芯片的创业型科技企业，其创业初期的核心团队成员大都来自国内比较知名的科技企业，身上都带着"名校""学霸""科技大神""大厂高管"等光环。最近几年 AI 芯片是最火爆的创业赛道之一，所以这家企业初创的时候已经得到了一线风险投资（Venture Capital，VC）和科技巨头的青睐，迅速完成了天使轮、Pre-A 轮、A 轮和 B 轮融资，估值也迅猛提升，短短几年内已经跻身"独角兽"行列。然而，这家企业的核心团队成员因为大部分都是技术背景，长期以来彼此之间存在着技术领域的专业之争，经常为了一些技术和产品细节吵得不可开交，团队气氛并不融洽。在企业完成几轮股权融资之后，有些团队成员的身价也水涨船高，已经感觉自己获得了巨额的财富。有位资深的团队成员通过出让股份的方式提前兑现了一些现金，买豪宅、开豪车，俨然有些开始享受人生的样子。他多次在没有得到企业创始人认可的情况下强调自己联合创始人的身份，这让其他团队成员的感受越来越不好，在各种场合出现了技术之外的争吵。公司员工也开始感觉到核心团队出现的问题，私底下议论纷纷。这时刚好企业创始人按照投资人的建议，引入了一位芯片领域的资深人士担当首席营销官（CMO）。但自称联合创始人的团队成员认为企业创始人在引入该高管时没有征求他的意见，所以对这件事情意见很大，并在 CMO 入职之后开始在公开场合质疑和挑战 CMO 提出的加速技术与产品商业化的相关建议。在这个过程中，企业创始人一直对这位自称是企业联合创始人的团队成员保持着不干涉也不沟通的状态，也没有让其他团队成员认真坐下来商议企业除技术以外的战略发展目标和措施。对于核心团队成员之间的矛盾与冲突，他一直没有进行公开的表态和调解。一段时间后，新来的 CMO 表示自己的市场发展构想始终没有机会获得团队成员的研讨和认同，根本无法融入团队，最后只能选择离职。而那位价值观和行为上已经开始偏离创业初心的"联合创始人"，在被爆出了一次用公款支付个人奢侈旅行的丑闻后也挂靴而去。这个创业团队逐渐走到了分崩离析的阶段。最令人遗憾的是，这家曾经的明星创业企业，在团队始终没有凝聚成真正经营班子的过程中，失去了宝贵的时间窗口，产品流片时间一拖再拖，在投资圈的口碑不断受损，估值也一路下跌，错过了高速发展的大好时机。事后，在接受一家媒体访谈的时候，企业创始人痛心疾首地反思道："没有及时发现团队成员的价值观问题，没有迅速统一战略认识，没有花时间在团队凝聚上，是我个人作为创始人的三大失误。"

与这个未能建成一个价值观与战略统一的班子而导致企业发展出问题的负面案例不同，另一家企业给我们提供了一个值得借鉴的正面案例。这是一家快消品企业，企业创始人在企业做到 10 亿元规模之后，为了加速企业的发展，实现从单一品牌到多品牌的战略转型，从同行业的外资企业里"挖"来一批资深经理人。与几乎所有经历过这个阶段的企业一样，这家企业内部也发生了"新老冲突"：新来的高管与原来跟着创始人成长起来的高管之间因为理念和职业素养的不一致，产生了各种分歧与矛盾。但企业创始人敏锐地发现了这个现象，决定在事情发展到不可收拾之前解决这个突出问题。在外部教练的帮助下，这个企业的高管团队举办了一次特别的交心会。会议特别安排在海边的一个民宿里面。团队首先经历了无动力帆船组装与扬帆出海比赛、自己动手烧烤煮菜等热身与破冰的活动，然后在晚上的时候，每人拿着一瓶啤酒，围成一圈开始了班子建设的主题讨论。教练要求每个团队成员要分享一个过去 3 个月内发生的关于团队成员之间互动的真实事件，要讲清楚事件内容和自己的感受。这个事件分享的过程，让大家都觉得很吃惊：一些本人可能没有在意的小事情，在另外一个同事那里却是一个引人不快和影响协作的大问题。与事件有关的人都在尝试做出一些说明和辩解，当事人又会立即给出自己的反应，就这样，会场的氛围不断升温，逐渐变得更加热烈，一些刚开始抱着"事不关己"心态的团队成员也开始受到感染，加入分享与讨论中来。其中一位区域销售副总裁讲述了一件事："那天凌晨 1 点的时候，销售团队有个重大的定价问题，本来我想给总部负责市场的同事打个电话商量一下的。可是一想到人家是知名跨国公司来的，不一定习惯我们这样不分白天黑夜的沟通方式，另外人家是女性，这么晚了通电话不太合适。我就没打这电话。"他提到的那位总部市场部副总裁立马站起来接过了话："我来企业之后，一直觉得和大家有点格格不入，现在我算知道问题出在哪里了。第一，我自问从来都是很敬业的，有工作也不分白天黑夜；第二，我们都在这个事业层次了，还需要在意男女吗？说到底，是没把我当自己人。"这番对话让现场的人都很受触动。教练见缝插针，一针见血地给出了点评："一个真正的班子不能靠彼此猜测去做事。要防止这种现象，你们需要订立团队契约，也就是你们这个团队的价值观和行为规则，从而让大家可以坦然地互相协作与完成共同目标。"就这样，在教练带领下，这个包括企业创始人在内的班子成员讨论和订立了一份直击痛点、通俗易懂的团队契约。比如，为了避免再次出现之前的"凌晨打电话"事件，契约当中有一条看似非常简单的约定是"事不过夜"。这条约定的意思是，任何团队成员都可以在任何时间和地点给其他成员打电话联系工作事宜，而不用心存顾虑，而接到团队成员电话的人也会认为接电话是兑现自己的约定，从而让这个团队彼此更加信任和高效。

由此可见，要锻造一个坚强有力的经营班子，企业创始人或 CEO 必须明确班子成员的关键素质要求，同时在班子成员之间缔结共同的准则，才能保证无论企业遭遇什么样的困难、班子遭遇什么样的挑战，这个集体始终是"攥紧的铁拳"，能够获得组织全员的信任，带领全员向前冲锋。

华为在企业发展早期，已经在《华为基本法》第五十四条中明确规定，高层管理者应当做到：

1）保持强烈的进取精神和忧患意识。对公司的未来和重大经营决策承担个人风险。

2）坚持公司利益高于部门利益和个人利益。

3）倾听不同意见，团结一切可以团结的人。

4）加强政治品格的训练与道德品质的修养，廉洁自律。

5）不断学习。

这些文件直接对经营班子成员的关键素质，尤其是价值观、思维和行为做出了要求。华为 EMT（执行管理团队）也曾制定了明确的高管行为准则，如图 3-1 所示。

我们会

- 在发生争论时，坦率和诚恳地讨论，在公开的场合坦诚表达自己的意见。
- 尊重他人，以诚相待。尊重他人在专业领域中的能力。我们可以批评某件事情或某个意见，但不能针对个人。对于团队中其他成员提出的问题和意见，我们一定会在 24 小时内给予回应。我们永远不会忘记倾听和支持团队中的其他成员。
- 鼓励我们的直接下属积极跨团队、跨部门沟通，打破部门之间的边界，自己要带头成为跨部门、跨团队协作的榜样和表率。
- 高管团队的所有成员对外要发出一致的声音。对于 EMT 内部意见不一致的地方，我们要尽量予以解决。所有团队成员都要支持 EMT 做出的决策，一旦做出了某个决策，所有团队成员都必须予以尊重和践行。我们会充分支持 EMT 以及 EMT 做出的决策。
- 遵守我们的承诺。我们要遵守我们对团队和个人做出的承诺，要遵守某个事项的时间要求。并且仅仅对你能够做到的东西才给予承诺。重视你所做出的承诺。
- 参与及准备：出席并积极参与各会议及讨论。我们总会在会议前就进行会前阅读，做好准备，讨论的事宜需具有现实意义。我们鼓励准时参加会议，完成各项日程，鼓励积极讨论，有效利用时间做出决策。

我们不会

- 不维护 EMT：例如，在团队外发表言论或做出反对团队的行为，批评 EMT 成员或他们做出的决策。
- 违背 EMT 的目的：例如，用不合适的事情打乱日程安排，缺席两次以上会议，浪费时间，在会议时打电话。
- 扰乱工作日程：例如，在并不紧急的事情上花费时间以拖累整体绩效，个人日程优于公司日程。
- 不正直：例如，商业贸易中采取欺诈行为、不诚实、隐瞒过程、在面向组织外部时的行为不符合事前预定的或者对提反对意见的人做人身攻击。
- 牺牲绩效标准：例如，承诺交付不可能做到的、容忍低绩效。

图 3-1　华为 EMT 行为准则

资料来源：华为公司公开披露的信息。

第三个挑战是一个真正的经营班子需要做到班子成员彼此之间互相信任与依赖。要做到这一点尤其困难。资深人士聚在一起，又都在企业组织中身居要职，自然容易产生摆架子、对周边的人要求高、不易服人的心态与行为。在一起工作多年的老同事之间都未必能建立信任，更何况是新建的班子成员呢？此外，有一些高管虽在名义上被列为经营班子成员，但因为性格或者职业习惯的原因，并不愿意花时间去熟悉其他班子成员，甚至刻意和他人保持距离，或者想当然地认为大家都做好自己的工作就行了，而不重视与其他班子成员建立感情纽带，更难以与他人形成信任。

"人与人之间只有熟悉，才能有情感；有情感，才有可能产生信任；彼此有信任，才可能互相欣赏与依赖"。这是关于人际关系管理的三句话，对于打造真正的经营班子而言是非常适用的。

某民营企业集团新任命了一位 CEO。这位 CEO 曾经是人力资源管理背景，所以她一直强调"团队在一起，必须首先建立情感的联结，才能成为真正的战友"。她费尽心思来增进集团总部的管理团队和各下属企业的管理团队的凝聚力。首先，她将集团总部高管和各下属企业经营班子成员集中在一个命名为"星辰俱乐部"的虚拟组织里面，然后给这个俱乐部设计了一系列的团队建设活动，包括共同攀登哈巴雪山，共同对标优秀企业游学，共同按照模块学习战略、经营和商业模式等，甚至让这个团队自己订立了定期运动锻炼的健康计划。在她的带领下，这个集团中的这些管理者都高度认同"健康、充实、有价值"的理念，彼此之间建立了超越工作关系的深厚情谊，形成了非常积极和进取的团队氛围，也深刻地影响了企业的中基层员工。在团队成员集体去攀登雪山的过程当中，他们在教练的帮助下，设计了一系列的活动来强化彼此的互信与互助。比如，在雪山底下进行拉练的时候，团队成员围绕着熊熊篝火分享个人人生的高光与至暗时刻。在听到这些平时朝夕相处的同事的那些不为人知的真实经历后，很多人都动容甚至落泪了。在这样的过程当中，他们形成了工作以外对彼此更全面和更有深度的认知，又在攀登雪山的重重困难面前，通过互相搀扶与鼓励形成了彼此的互助与依靠。这些点点滴滴汇集在一起，将团队成员的心拉到了一起，在共同确定企业愿景、中短期发展战略的时候，明显地体现出"众志成城"的良好氛围和效率。

第四个挑战是一个真正的经营班子必须围绕战略的执行制定清晰的结构与角色分工。在这个班子内部，必须设定班子的议事程序、职责与权力、评估与退出机制，才能保持班子功能的完整性，从而统帅整个组织的战略发展。只有具有清晰的结构和角色分工，才能让班子成员充分体现自己的任职能力，同时在有需要的时候互相协作和角色调换，也就是常说的"打好本垒、再去补位"。在战略解码过程当中，经营班子的成员必定要成为若干必赢之仗的"挂帅人"，也是确定战略执行中相关的角色与责任。公司级的必赢之仗往往是非常重要但是同时也非常复杂的，需要跨部门的紧密协作才能推进和完成。因此，经营班子成员的主动请缨意味着这个成员在战略执行过程当中担任了"超级项目经理"的角色，必须把高层团队所有人包括企业创始人都发动起来，为打赢胜仗而按照既定的作战计划去努力。这个"挂帅"，并不完全等同于班子成员的岗位工作安排，因此其根本意义是在经营班子中形成特定的角色分工。在整个战略周期中，必须保持相对的角色稳定性，才能让一场年度甚至是跨年度的战役不断取得胜利。反之，一个经营班子在进行战略分工时，如果只是简单地等同于组织内的岗位职责划分，就必然会出现大量跨部门的重要任务都甩给企业创始人或者 CEO，战略和经营责任高度集中在一个人身上的情况，班子就会缺乏存在的根本意义。而在战略执行过程当中，角色的随意调整和责任不清，也会带来必赢之仗及组织内多个职能的执行混乱。

一个运作良好的经营班子，伴随着企业组织的不断发展，同样需要不断地优化与传承。这要求班子成员在年龄、健康状况、能力素质上都需要有清晰的标准与任期安排。华为 EMT 有非常详尽的制度设计，从而保证了经营班子成员的轮值、更换与接班都能相对公开透明和有序，让这个对组织产生重大影响的权力集体始终处于稳定、有序、高效的运行状态，能够不断应对经营环境变化，制定和实施新的企业战略，成为一个真正的经营班子。

3.2　企业创始人或 CEO 与经营班子的关系

在建设一个经营班子的过程中，最为敏感和重要的一点就是企业创始人或 CEO 是否明确自己与经营班子的关系。我们经常做的一个测试是请企业创始人或 CEO 基于自己对经营班子的理解，动手画一幅图来代表其本人与班子的关系。很多时候，他们画出来的图如图 3-2 或者图 3-3 所示。

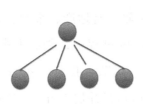
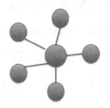

图 3-2　统帅式　　　图 3-3　核心式

图 3-2 代表的是企业创始人或 CEO 对班子成员是单线指挥的关系，是一种传统的组织汇报关系；图 3-3 代表的是班子成员需要围着企业创始人或 CEO，将其作为班子的核心。不管是图 3-2 还是图 3-3，都代表了企业创始人或 CEO 在定位自己与班子的关系时，有着根深蒂固的权力意识，是把自己超脱于班子之外或者凌驾于班子之上的，即自己并不是班子的成员之一。而且，企业创始人或 CEO 与班子成员是一对一沟通互动的关系，但并没有让班子成员之间互相沟通与协作。

这也是很多企业，尤其是民营企业中的常见现象。企业创始人建一个所谓"经营班子"，强调"集体领导"，但是实际上并没有把自己作为班子之一员，更没有放下身段，鼓励其他班子成员以平等的关系参与事关企业战略发展的讨论，实际上还是奉行"一言堂"或者"垂帘听政"。

从一个真正的战略型经营班子的特征来看，经营班子的建立是一个极富挑战性的、长期的过程。挑战首先来自企业创始人对班子的价值认知。一个对做企业缺乏敬畏之心的创始人或 CEO，很难深刻认识到做企业最难的是建设强大的组织，而强大的组织首先要求有一个强大的经营班子。能否建设一个经营班子，特别是战略型经营班子，主要取决于企业创始人是否有"去中心化"的意愿，是否相信"集体领导优于自己个人领导"，是否愿意相信班子成员的能力和集体决策的价值，以及是否已经形成了"我们大于我"的价值观。

在企业创始人与 CEO 如何处理好自己与经营班子的关系方面，有大量的实战案例可资借鉴。在华南有一家知名的民营企业，创始人经过多年努力，将从物流起家的企业打造成一个旗下有地产、金融、高科技的多元化控股集团。在与我们团队的顾问交流的过程中，创始人多次表达："要做大事业，就要重视人才，尤其是高管团队。我希望我们集团能够建设一个全中国最强的经营班子，大家能够和我并肩奋斗。"然而，不管他做了多少努力，支付了多少高价薪酬，请来的知名企业高管走马灯一样地更换，始终没有形成一个稳定的高管团队。我们有机会观察到一些有意思的细节：比如任何时候开会，企业创始人都习惯于坐在一个很高的主席台上，对台下的高管团队训话；在公司举办宴会的时候，企业创始人会安排外部嘉宾围坐在主桌自己的旁边，而本公司的高管只能到别的桌上；在高管团队开会时，高管如果迟到就会受到重罚，而企业创始人却经常迟到和临时取消会议；即便是公司举行员工旅游活动，他也会让公司安排管理层集体坐大巴而自己单独乘坐豪车前往目的地。种种迹象表明，这位创始人不管嘴上怎么说或者心里怎么想，所谓"身体最诚实"，他在行为上已经告知了他的高管团队："我是老板，你们是我的下属，我们之间不是平等的关系。"

与之形成对比的是，另外一位企业家真正做到了融入经营班子。某上市控股公司的董事长是一位知名女性企业家。在她的带领下，该公司旗下的地产、工业等子公司都处于稳健成长的轨道。在这家企业里面，这位董事长是出了名的没架子，喜欢用平等的方式与高管和员工进行沟通和互动。我们顾问印象最深刻的是，有一次在高管开会时定好了迟到就罚做俯卧撑的规则，而她迟到了真的立马爽快地就地开始做起俯卧撑。在该公司控股的地产公司进行一系列团队建设活动的时候，她都是全力以赴、身先士卒，并没有因为身为董事长而做任何特殊安排。走戈壁、闯沙漠，她都坚持走完全程，给高管团队和员工做出了表率。最难得的是，其地产公司成立了一个类似经营班子的机构——执委会，在执委会讨论公司发展战略和重大经营决策的时候，她会提醒参会人员认真按照团队订立的规则和议事程序进行，并不会摆出"我是老板，我有特权"的姿态。在她的带领下，这家控股公司旗下的地产、工业等子公司都建立了真正能够用平等、公开的方式讨论战略和制定决策的经营班子。

3.3　构建经营班子的关键环节

从我们长期辅导企业和自己构建企业经营班子的实践经验来看，经营班子的建设需要经过精心的设计和长期艰苦的运营。这里分享几个非常重要的关键环节：

1）在班子成员的选择上一定要慎重和精细。如果班子成员没有选对，班子很难真正建起来，即使搭起来了也是困难重重。所以，选择班子成员一定要把握好价值观、全局观、经营意识、协作性这几个"金标准"，缺一不可，而不是简单地按照职位直接选定。对于身居重要职位但是在标准符合程度上有欠缺的人选，宁可先观察一段时间，然后再做出判断，而对于明显不符合的则直接不做考虑。

2）建设经营班子要把战略共识放在首位。战略共识需要在企业经营班子的战略共创中达成。传统做法如聘请咨询公司做战略规划，或者由企业创始人和某些人员、某些部门定好战略给班子审议执行，均不太可取。战略共创过程中可能会有很多争议，但是这个过程保障了对战略达成共识，即每个班子成员对战略是有高度认同感的。需要提醒的是，班子进行战略共创，首先要找到大家共同关注的、独特的愿景与使命，然后才考虑中长期目标、措施与路径，而最后一定要落实到年度的战略行动分解与责任明确上来，才能保持经营班子对战略全程躬身入局、视为己任、集体同欲。

3）经营班子必须自己给自己定规矩、形成团队契约。这个团队契约类似于一个集体合同，是大家要共同遵守的价值观和行为准则。与企业核心价值观不同的是，这个团队契约更重要的是解决班子成员之间的相互关系和班子对组织的示范作用。订立团队契约，前提是班子成员要敞开心扉，坦诚面对已经存在的问题和矛盾，敢于批评和自我批判，并能够从战略共识的角度，制定大家都认可的约定，明确班子成员"提倡什么、反对什么、底线是什么"。比如，要解决班子成员之间时效性的问题，可能只是约定"事不过夜"这么简单的四个字，就能够转化为具体的价值观与行为。这个过程本质上等同于民主生活会、裸心会等，是追求真实、直面问题、互相反馈与提改正建议。

4）经营班子需要一系列高品质的活动来形成共同经历与强化情感纽带。班子成员普遍面对极大的工作压力，要能够形成惺惺相惜、互信互助的互动关系，需要一些定期的团队活动。这些活动包括具有烟火气的聚餐、娱乐，更需要一些过程中必须亲密相处、互相协作的挑战性活动，如共同做公益、户外拓展等。在这个过程中，人与人之间能够产生真正的

"化学反应"，让班子成员了解彼此真实的一面，发现别人身上的闪光点，从而奠定互相欣赏与互相扶持的信任基础。

5）经营班子内部同样需要建章立制，对内部运行的制度、流程与标准都予以明确。一个能够持续有序运行的经营班子，不仅是内部规则与秩序透明、有序，还必须与企业组织的整个系统融合在一起，让企业全体员工都看到高层的集体领导力，增加对企业可持续发展的信心。需要提醒的是，企业的经营班子，绝对不能搞成"终身制"，缺乏进入的门槛，更不能缺乏能上能下、能进能出的管理机制，从而杜绝班子产生"刑不上大夫"的特权意识和懒政惰政行为。

6）一个真正的战略型经营班子，必然有能力带领着企业穿透牛熊，实现持续的长期发展。一个深刻认识到经营班子价值的"一把手"，必然会最大限度地投入精力，致力于打造一个真正的经营班子，实现组织从个人领导力向集体领导力的升级，也必然会得到长期的回报。从这个角度来说，建设经营班子并不是大企业才需要做的特定活动，中小企业创始人更应该未雨绸缪，早些行动起来。

7）需要强调的是，没有哪个企业的经营班子建设是一帆风顺的。如果企业创始人在这个过程中因为一些波折，尤其是因在班子成员的任用或者班子成员协作这些方面出过问题就因噎废食、放弃努力，那么企业创始人始终无法打破"企业全靠自己亲力亲为"的魔咒，企业的组织发展也始终迈不过一道关键的坎。

第 4 章

构建与战略匹配的组织

企业在明确了战略之后，接下来的重点就是组织。组织是战略指导下的排兵布阵，要确保对战略的有效支撑。大部分的中小企业早期都是按照简单的产品或业务结构形成的功能型组织，常见的问题是企业随着业务规模快速增长，原有的组织跟不上业务发展，导致管理混乱、运作效率低下。在面对复杂多变的商业环境和业务结构时，任何新的战略选择都会要求企业创始人审视当前的组织能否承载。如果不能，就意味着组织需要进行一系列的变革。在这个过程中，大多数中小企业创始人会发现，塑造一个与战略相匹配的组织是一门大学问，不仅需要完整、准确地理解组织的内涵及要素，还需要梳理顶层的管控逻辑以及最小颗粒度的岗职管理，进而全面推动组织优化。

4.1　组织设计的内容

大部分中小企业的管理人员被问到"贵公司的组织形态如何"这一

问题时，往往首先想到的是组织架构图，会把"组织"简单地等同于"组织架构"。然而，企业组织作为"具有明确目的，按照特定的宗旨，由一系列功能和机制组成的人的群体"，其内涵远远不止架构，还包括组织的功能、流程、权责、机制、角色等要素。如果组织业务规模达到一定的量级，还将涉及管控模式的设计。所以，组织架构只是组织设计的最终产物，而非组织的全部。

1. 组织的功能

关于组织的功能，有许多管理学者做过专门阐述，概括起来主要包括如下几个方面：①统一目标。组织是人的聚合，要把人有效地聚合在一起，有统一的目标是必需的前提。只有共同的目标才会驱动组织成员产生统一的行为，这是组织在形成和发展过程中必然具有的基本功能。②集约资源。组织要突破个体的力量，就必须把人力、物力、财力、信息、时空等资源有机地集中在一起，并通过资源的有效配置来实现集约效应。③分工合作。组织如果只把人和资源简单地聚集起来并不具有太大价值，还需要设计专业化的分工与合作机制，让组织成员发挥所长，促进相互之间高效合作。④价值实现。组织作为一个利益共同体，需要通过开展生产或经营活动进行价值创造，并在此过程中实现组织的共同价值以及组织成员的自我价值。

通用的组织功能描述比较抽象，但针对一个具体企业，组织的功能就是围绕经营目标开展的一系列经营管理活动，包括战略规划、人力资源、财务、信息等在内的职能管理，也包括产品研发、原材料采购、生产制造、物流仓储、市场推广与销售等具体经营活动，并且这些功能会随着企业的业务设计及业务规模的变化而变化。有的企业业务涉及全价值链环节，如产品研发、计划、采购、生产、物流、市场和销售；而有的企业可能只涉及部分价值环节，如专注于产品研发和品牌推广，或不做品牌和设计只专注于生产代工。因此，不同的业务设计决定了组织功能的差异，而组织的功能则决定了组织的基本形态，这就是我们常说的功能型组织的由来。图4-1为服饰行业通用的价值链。从图中可以看出，这是一个典型的"全价值链"企业，其主要价值活动涉及品牌管理、商品管理、供应链管理以及渠道与终端管理；辅助价值活动包含战略管理、财务管理、人力资源管理以及IT信息化建设等典型管理职能。因此，在品牌服饰企业的组织架构中，业务部门通常会设置设计部、商品管理部、品牌推广部、形象部、市场拓展部等，而职能部门则一般会设置财务部、人力资源部、信息部等。图4-2就是一个典型的品牌服饰企业组织架构。由此可见，组织功能及涉及的价值链环节是构成组织的基础要素。

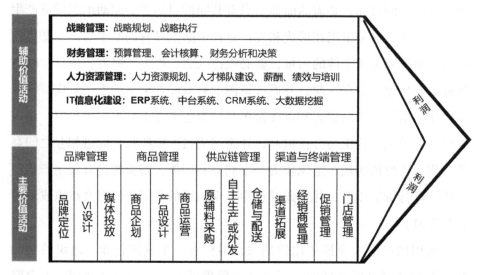

图 4-1　服饰行业通用的价值链

注：伟略达公司 2018—2020 年研究成果。版权所有。

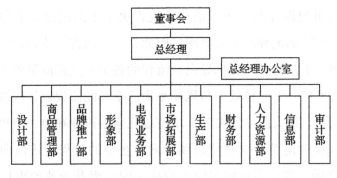

图 4-2　某品牌服饰企业的组织架构

2. 组织的流程

所谓流程，是指组织为达到期望的管理或业务目标，在一定的输入资源约束条件下，通过明确组织人员执行的一系列管理 / 业务活动，产生特定的输出结果。它反映了组织中相关业务的开展步骤及要求。组织流程的逻辑示意图如图 4-3 所示。

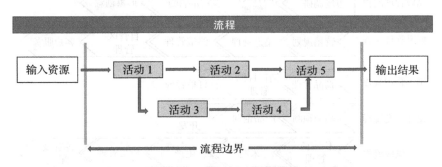

图 4-3　组织流程逻辑示意图

注：伟略达公司 2018—2020 年研究成果。版权所有。

从图 4-3 可以看出，流程是对组织开展具体业务运作的设计。它一方面保障企业运转的基本秩序，另一方面则是企业运营管理思想在业务中的具体体现。例如，华为的 LTC，即 " Lead to Cash"，就是一种从线索到现金的企业运营管理思想，同时也是一个集成的业务流程。

流程与组织设计两者相互依存，流程决定了组织的分工与授权，同时组织设计也影响流程的运转效率。因此，一般而言，流程设计要秉承如下几点原则：①坚持企业目标导向。流程的各个节点都应服务于企业整体经营目标的实现。②坚持效率与风控平衡。企业的流程设计应遵循效率优先、兼顾风险，最大限度地去除不增值或冗余的流程环节，但也要确保对基本业务风险的防范。③坚持市场导向。企业的流程应该面向市场，要确保能对市场、客户需求做出快速响应，应以提升企业的市场竞争力为目标。

此外，流程是分级管理的，通常将组织的主业务流程定义为一级流程，对一级流程的分解就是二级流程，二级流程还可以进一步分解为三级流程。图4-4为某品牌服饰企业的一级业务流程示意图。

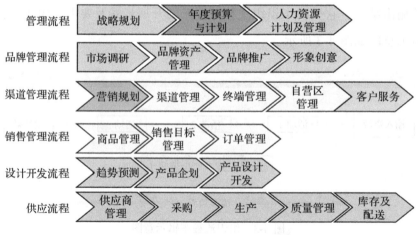

图4-4　某品牌服饰企业的一级业务流程示意图

流程除了分级，在应用时还需要匹配相应的流程描述，并通过流程描述来明晰相应业务在流程节点上的工作任务及工作权限。图4-5为某企业的年度预算编制流程，从中可以看出在预算管理这项工作中相关业务部门的任务及权限。

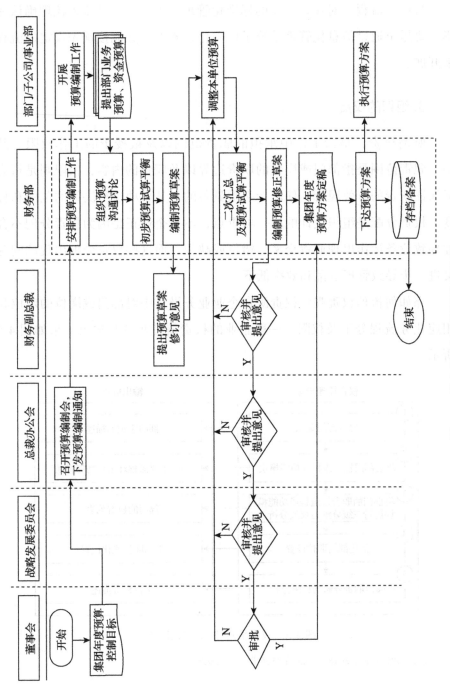

图 4-5 某企业的年度预算编制流程

最后，流程是对业务操作的标准化管理。因此，一旦流程梳理确认完毕，要尽早通过信息化管理系统予以固化，确保业务能按预先设定的流程来开展。

3.组织的权责

所谓权责，是指工作中承担的职责范围以及被授予的工作权限。其中，职责范围是指部门或岗位的职责边界以及职责的内容；权限则是指为了保证职责的有效履行，任职者必须具备的对某事项进行决策的范围和程度。权责分配是组织设计的另一项重点，不少企业正是因为权责分配不合理导致业务运作出现职责交叉、错位或缺失，而这些权责分配出现的问题又进一步导致管理混乱和效率低下。

那如何梳理权责呢？权责源自企业业务设计中对部门或岗位的定位和相应业务流程分工及权限。一般企业的权责梳理步骤与输出成果如图 4-6 所示。

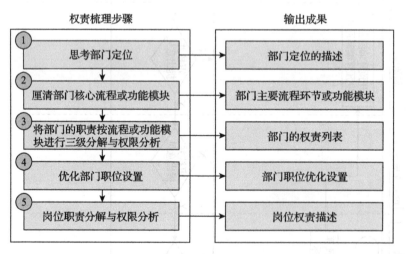

图 4-6　权责梳理步骤与输出成果

注：伟略达公司 2018—2020 年研究成果。版权所有。

职责和权限可以分开梳理。在职责梳理中经常用到一个方法叫"三级职责分解"。在该方法中，一级职责是指部门在公司的特有价值、是部门存在的理由；二级职责是按业务流程步骤或职责领域对一级职责的分解。一般情况下，一级职责可以分解成多条二级职责，三级职责则是对二级职责的进一步分解，每条二级职责可以分解成多条相关的三级职责。而将部门职责分配到部门内相应的岗位上，就形成了岗位职责。表 4-1 是某企业人力资源部门的三级职责分解示例。

表 4-1　某企业人力资源部门的三级职责分解示例

一级关键职责 （部门定位与使命）	二级关键职责 （核心职能领域）	三级关键职责 （列举每个核心职能领域的关键职责，3～5 项为宜）
根据发展战略，结合行业发展趋势及企业竞争优势，组织制定并落实人力资源战略，塑造人力资源核心竞争能力，为企业可持续发展提供保证	■ 招聘	■ 制定招聘制度，设计和不断优化招聘流程
		■ 建设和优化招聘渠道，提高招聘效能
		■ 组织外部招聘，满足业务需要
		■ 组织对中层以下人员定级、定薪
		■ 组织对人才品牌的宣传，提高公司知名度
	■ 绩效考核	■ 制定绩效管理制度框架、审核流程和关键环节，并组织实施
		■ 组织设定、评审总部各部门的绩效目标
		■ 开展绩效管理调研分析，并组织绩效管理宣传、培训、辅导工作
		■ 指导、检查下属机构绩效管理工作
	■ 薪酬福利	■ 组织对行业薪酬福利政策、制度的研究
		■ 制定、检视、修订薪酬福利管理制度、流程和薪酬福利标准
		■ 对薪酬成本变化进行及时分析，保证成本合理
		■ 指导、检查下属机构的薪酬福利管理工作

除"三级职责分解"方法以外，还有一个在国际上被广泛应用的职责分析工具——IRMA 图（Internal Relationship Management Accountability Chart），它不仅可以厘清组织内的权责现状，而且能科学规划每项职责的分工。图 4-7 为某企业市场部门 IRMA 图示例。

岗位 职责	GM	区域 经理	产品组 合经理	计划 经理	客服 经理	产品／流程 研发经理	CEO	运营	财务
1. 寻求并发现市场机会	A	S	I	R	S	S	I	—	—
2. 确定市场机会的轻重缓急，并跟踪	R	I	S	S	—	S	V	S	—
3. 确定市场价格与产品盈利空间	A	S	R*	R	—	—	—	—	S
4. 根据组织能力现状进行差距分析	A	I	—	R	S	S	—	—	S
5. 制订供应计划	I	I		A	S	S	—	R	S
6. 提高品牌的市场地位	R	S		S	S	S	S	I	—
7. 确定产品品牌的市场定位	A	—		R	S		—	V	—
8. 确认市场计划的可行性	V	R*		R	S		—	—	—

图 4-7　某企业市场部门 IRMA 图示例

在这个图中字母对应的权责表达如下：

R——主要负责（Responsibility）：负责启动某一活动，并确保该活动的顺利完成。

A-V——审批（Approval-Veto）：审核以批准（A）或否决（V）的权力。

S——支持（Support）：为某活动提供资源支持。

JR——共同负责（Joint Responsibility）：共同负责启动某一活动，并确保该活动的顺利完成。必须涉及两人或以上，但不能在上、下级间进行。

I——告知或获悉（Inform）：必须被告知，但是没有直接影响力。

R*——只负责本范围：对本部门或团队的该项工作负责，而不对其他部门或团队的该项工作负责。

4. 组织的管控模式

组织是伴随企业业务的规模和复杂程度而不断变化的，通常来讲，随着企业产品的多样化或服务的延伸，业务也将变得复杂，早期的业务团队可能发展壮大为独立事业部。这个时候企业创始人或 CEO 就要面对管控的问题，考虑如何针对不同的业务进行差异化的授权管理。针对管控有如下三种典型的模式，如图 4-8 所示。

	财务管控型	战略管控型	操作管控型
产业领域	产业很少关联性	围绕若干核心产业或者若干相关产业	单一产业或者紧密联系的产业
组织特征	侧重于分权	集分权平衡	侧重于集权
维系纽带	资本纽带/金融纽带	战略纽带/管理纽带	管理/技术/渠道/品牌资源
直接目标	▪ 高质量的投资对象 ▪ 收益最大化：分红 ▪ 资本回报	▪ 成功实现相关产业战略 ▪ 资源战略性优化配置 ▪ 杰出的经营者队伍	▪ 产品和市场的发展 ▪ 经营资源共享 ▪ 经营业绩优化
总部职能	▪ 集团业务组合规划 ▪ 财务/资产 ▪ 投资管理/监控 ▪ 收购、兼并	▪ 产业板块战略 ▪ 公关 ▪ 人才培养 ▪ 法律 ▪ 审计 ▪ 财务管理	▪ 现有业务战略 ▪ 产品研发 ▪ 采购/物流 ▪ 销售网络 ▪ 人事管理
总部大小	▪ 较小	▪ 适中	▪ 较大
举例	和记黄埔、伯克希尔－哈撒韦	华润集团、招商局集团	中国石油、格力空调

图 4-8　三种典型的管控模式及特点

注：伟略达公司 2018—2020 年研究成果。版权所有。

（1）**财务管控型**　财务管控型是指总部对业务单元以投资回报为目标进行管理和控制。采取财务管控型的企业，往往各业务单元之间的相关性不大，总部一般不承担具体的业务管理，而是以资本或金融为纽带，通过投资业务组合优化来实现公司价值的最大化。管控的要点是通过财务控制、法人治理和企业并购，比如派出人员担任业务单元的财务总监或董事，监控企业的财务状况和审核报表。财务管控型是一种典型的分权型管控，在投资型企业和业务多元化企业里较为常见，代表性的企业有和记黄埔、伯克希尔－哈撒韦等。

（2）**战略管控型**　战略管控型是指由总部围绕某个核心产业或业务通过战略规划与管理来施加影响，从而达到管控目的。总部主要的管理手段包括筛选行业赛道、促进业务单元之间的协同、考核经营团队绩效和预算控制等，是一种集权与分权平衡的管控模式。采取战略管控型的企业一般是大型的混合多元化或相关多元化企业集团，代表性的企业有华润集团、招商局集团等。

（3）**操作管控型**　操作管控型是指总部通过对业务单元的日常经营运作进行管理，深度参与具体的经营活动甚至运营细节来达到管控目的。所以，采取操作管控型的企业通常业务类型比较单一，或者多个业务之间联系紧密。总部的管控手段除财务、战略、人力资源等常规的管控外，还会对技术、营销等重要业务环节进行控制，是一种典型的集权模式。代表性的企业有中国石油、格力空调等。

企业形成了阶段性战略后，需要根据各业务单元在战略中所处的位置来进行差异化的管控以及配置资源。而决定采取何种管控模式，则可以从战略重要程度、资源相关度、业务单元所处发展阶段及管理成熟度等维度来综合衡量，如图 4-9 所示。

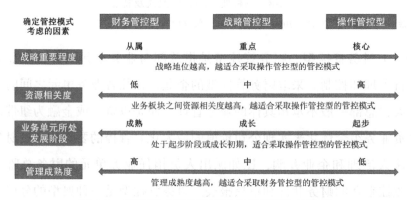

图 4-9　管控模式的决定要素及其对管控的影响

注：伟略达公司 2018—2020 年研究成果。版权所有。

首先，从战略重要程度来看，战略地位越高的业务（核心业务）在管控上越适合采用操作管控型模式，而越是非核心业务则越适合采用财务管控型模式；其次，从资源相关度来看，资源的协同度越高，越适合操作管控型模式，反之则更适合采用财务管控型模式；再次，从业务单元所处发展阶段来看，处于成熟阶段的业务适合分权型的财务管控型模式，而处于起步阶段的业务则由于需要总部较大的资源投入，则更适合操作管控型模式；最后，管理成熟度也是在选择管控模式时要考虑的重要因素之一，管理成熟度越高，在管控上越适合分权型的财务管控型模式，反之则越需要相对集权型的操作管控型模式。而这只是选择管控模式的基本维度，针对具体企业则还需综合其他因素一并考量。接下来介绍一个华南某大型电机企业的真实案例。该企业 2010 年以前业务较为单一，以传统电机产品为主，后来通过多次兼并收购，形成了包括传统电机、汽车旋转电机和新能源汽车动力总成三大业务板块在内的相关多元化集团。如何设计该企业的管控模式呢？当初我们的顾问团队就是从战略重要程度、资源相关度、业务单元所处发展阶段和管理成熟度等维度对该企业的相关业务单元做了分析。首先，在战略重要程度上，三大业务都是公司布局的重要业务。其中，传统电机业务是"基本盘"，汽车旋转电机业务是"增长点"，而新能源汽车动力总成业务是企业的"未来业务"，分别构成了企业的三条增长曲线。其次，在资源相关度上，三块业务间也较为紧密。其中，传统电机与汽车旋转电机之间在电机的基础技术上存在一定的协同，汽车旋转电机与新能源汽车动力总成业务则在目标市场上具有高度的一致性。再次，从三大业务所处的发展阶段来看，除新能源汽车动力总成业务还尚在培育以外，另外两块业务都已经进入成熟的产业化阶段。最后，从管理成熟度来看，由于当年收购相关业务时保留了原核心管理团队，所以三大业务也基本上形成了较为成熟的经营班子，并自成体系。基于上述分析，再考虑到三块业务单元布局分散（集团总部及传统电机业务在华南，而新能源汽车动力总成及汽车旋转电机业务在华北），我们建议集团总部对汽车旋转电机和新能源汽车动力总成业务采用战略管控型模式。各业务板块在具体业务经营上仍授权原经营团队管理，但通过派驻财务总监、派出董事等手段确保各业务单元在经营方向上符合集团总部的整体战略。此外，要促进各业务单元之间能在重要资源上协同共享。譬如，在集团总部统一的基础技术研究中心，由集团总部牵头统一对重点汽车主机厂商进行总对总的业务开发等。而对传统电机业务，则考虑其过去一直是公司的传统业务，集团总部对该业务的具体运营都非常熟悉，所以保留以前对该业务的管理模式，即采用操作管控型模式，仍由集团总部深度介入各业务环节，全方位参与业务的经营与管理。其管控模式如图 4-10 所示。

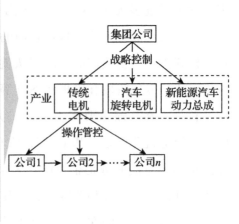

评价维度	评价	特征说明
战略重要程度	核心	三大业务板块在公司整体战略中都处于核心地位
资源相关度	高	下属三大业务板块资源相关度较高，尤其是汽车旋转电机和新能源汽车动力总成具有较强的资源相关度
业务单元所处发展阶段	成长－成熟期	三大业务板块的成熟度较高
管理成熟度	比较成熟	三大业务板块的管理成熟度较高

图 4-10   某电机企业的管控维度分析与模式选择

注：伟略达公司 2018—2020 年研究成果。版权所有。

4.2   组织的岗职管理

岗位的内涵是什么？岗位是组织管理中的最小细胞，也是组织分工中的最小单元。岗位回答了每个人在组织中的具体位置，以及所做的工作类别。公司战略要通过领导层到部门然后再传导到具体岗位，才能确保战略在一线的实施。从理论上讲，公司中的每个人都有一个岗位，可能一人一岗、一岗一人或多人。在实践中，往往会出现一人任两个及以上岗位的情况，即为兼职，这多发生在管理岗位。俗话说"一个萝卜一个坑"，这里

"坑"即岗位，"萝卜"即任职者，也就是把合适的人放在合适的岗位上，正所谓人岗匹配。那么岗位的全景是什么？包含哪些元素？每个部分对于组织的作用是什么？

经过对长期企业管理及咨询经验的总结提炼，我们认为岗位管理外延如图 4-11 所示。

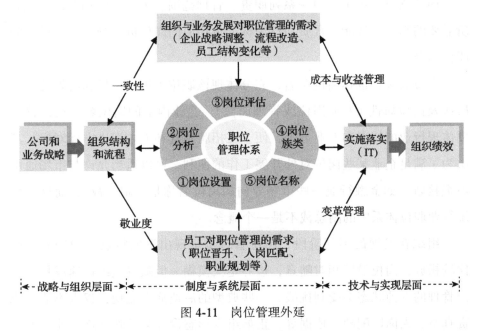

图 4-11　岗位管理外延

注：伟略达公司 2018—2020 年研究成果。版权所有。

岗位管理必须承接组织战略和管控要求，且战略目标最后需落实到一个个具体岗位来实现，所以组织形态管理对岗位影响深远。从工业化时代的职能型组织、矩阵型组织，到今天的网络型组织、平台型组织，从金字塔到大中台，岗位管理对柔性、敏捷性提出了更高要求。但不管组织形态如何变化，岗位管理的底层逻辑和边界是相对恒定和清晰的。我们理解每个部分的内涵如下：

岗位设置：即通常说的定岗，是指通过顶层设计后，设置不同的岗位来承接部门或上一个层级的职责。

岗位分析：了解岗位的主要工作职责及衡量标准，并对岗位进行描述，从而为岗位评估、人员招聘等管理活动提供依据。

岗位评估：通过识别岗位内容和岗位在组织结构中的位置，用一套连续、有序、清晰的方式，在一个组织内部确定不同岗位的相对重要性。

岗位族类：将组织中一系列职责、管理范围、工作性质相似，任职者所需要的知识、技能、素质和行为标准也相似的岗位进行分类归并形成的职位集合。

岗位名称：也称岗位命名，充分体现该职位承担的责任和所处的序列层次及岗位属性（专业岗位或管理岗位）。企业内部的岗位名称设计首先要体现行业的特点和专业分工，便于在招聘甄选和人才引进方面对标；其次为了满足企业某些岗位对外开展工作的便利，可以适当允许与市场通用习惯接轨。如金融行业一些市场导向的岗位名称是"副总裁"，而这与传统行业职位体系中的副总裁不是一个概念。

组织在发展的不同阶段，岗位管理也呈现出不同特点。初创期往往比较粗放，岗位设置相对随意，边界定义模糊。但随着组织快速成长，岗位管理的混沌状态会受到挑战，一些典型的后遗症会显现：权责不清、职责真空、人岗匹配缺乏依据等。正如组织形态设计会反映战略、流程的变化，岗职管理也是如此，需要及时进行动态调整或维护，以支撑企业战略的落地。

以华为公司为例，其对岗职管理的原则有清晰的描述：人力资源部门要不断滚动评定各个岗位的价值，循环维护各个岗位的作用。岗位的重量不是一成不变的。当岗位不规范的时候，可能要求的干部级别职级高；当岗位规范后，"扳道岔"就不需要"钦差大臣"了。所以岗位是循环变动的，人力资源可以建立一个规则部门，该规则部门负责循环认证组织当前各岗位的重量。待岗位重量确认后，各种级别的人才分别需要配备多少也便了然于胸了。

随着公司流程组织建设的进步，很多部门和岗位逐步走向流程化、制度化和规范化……改革的结果，一定是岗位越来越标准化，难度越来越小了……实际操作中，岗职管理会相应地匹配以上原则。不同的战略要求不同的业务形态，不同的战略也会影响岗职管理。当华为公司的业务战略发生变化，由传统的运营商业务扩展到企业业务、终端业务等领域时，岗位价值的衡量也需要适时做出调整。代表性的案例是：华为公司的成熟区域市场因业务流程、组织形态都已经相对稳定而固化，一些管理岗位的职级便不可避免地被往下调整 1～2 级；而对一些新兴市场或区域，考虑到市场开拓的挑战巨大、流程的成熟度较低、工作的复杂性高，核心岗位的职级会相应调高 1～2 级。这些职级变化带来的影响不亚于一次"组织变革"，但如果透过现象看本质，岗职变化除了是对组织战略的呼应，同时还能牵引人才的流向和支持组织能力建设，因为高职级往往会匹配重量级的干部去开拓市场，也会吸引能力强的人才不断进入组织，从而最终实现组织人才的优化及再配置。

再以苏州某智能制造型企业为例。该企业创立于 2007 年，是一家专注于智能制造研发、设计、生产、销售及服务的高新技术企业，并于 2019 年 7 月登陆科创板，成为首批科创板上市公司。上市后该公司连续几年业务发展不错，但组织快速膨胀。管理层在面对新的战略发展规划时，发现了几个难题：

1）新业务单元如何在架构中合理设置岗位，与原有业务单元的级别拉通，与中后台形成清晰的权责界面。

2）新业务单元的关键人才如何确定任职资格才能保证招聘的精准性。

3）新业务单元人员如何定岗定薪才能确保内部的相对公平性。

经过解读这些需求，其实本质是四个问题：①如何设置新业务的岗位；②如何拉通岗位级别；③如何明确岗位任职资格；④如何建设基于岗位的职业发展通道。

为解决这些问题，我们与该公司合作，开展了岗职优化项目。项目组经过了周密而详细的调研，有如下发现：

1）岗位设置方面存在的典型问题：未与战略转型建立有效链接，缺乏科学统一的定岗流程和标准，无法有效牵引人岗匹配、薪酬管理、绩效考核、晋升、能力发展、人才梯队建设等一系列人力资源工作的开展。

2）岗位职责方面的典型问题：营销、交付、开发部门中的核心岗位存在职责重叠、分工不明确的现象，导致协作效率相对低下，管理内耗高。

3）职业发展通道的典型问题：初步建立了管理和技术/业务的双通道，但缺乏细化的各序列、各层级发展通道，导致员工的晋升、调动缺乏客观的依据和标准，影响人才的留存和工作积极性。

考虑到上述问题的起点为岗位设置，我们决定首先开展岗位写实及标杆岗位的任职条件澄清。这个阶段覆盖了公司五大业务单元和所有职能部门，通过提供专业的岗位写实模板，帮助客户厘清和整理现行组织在岗位设置方面的问题，并结合逻辑清晰原则、职责明确原则、最少岗位数原则、工作饱和度充分原则、岗位纵向分层原则、管理幅度适当原则等开展微观方面的审视。

经过周密、详细的信息采集、加工和分析后，我们发现不少典型问题。比如，某业务单元的两个核心岗位"交付项目经理"和"开发项目经理"的设置方面存在职责边界交叉、职责重叠的现象，具体表现为：开发项目经理这一岗位的工作内容零散，涉及交付的各个环节，如生产、物料等，业务和专业聚焦度低；交付和开发的工作内容都涉及采购协调，二者的职责划分不够清晰，工作中会互相"踢皮球"。又如，"方案经理"岗位职责定位和边界划分不明确，要兼顾前期方案设计、方案评估，配合销售拿单，以及项目交付进度，协作解决技术问题；而"机械设计工程师"与

"方案经理"两个岗位也存在工作内容、职责、边界严重模糊，协作效率低，责任不清，内耗高等问题。

为有效纠正以上乱象，首先要回归岗位职责梳理。我们通过工作坊的形式，基于公司战略转型的方向和要求，帮助该公司明确和落实各部门的工作成果及评价标准，系统地梳理和回顾部门定位、职责划分，沉淀形成部门职责说明书等管理文件，便于进行规范化管理，并有效指导部门间的协作，提高效率。其次，将方案经理岗位前置，放到营销部，厘清方案经理和客户经理之间的职责边界，并规范岗位名称为"解决方案经理"等。

需要提醒的是，岗位梳理并不是寻求职责完全清晰和边界绝对明确，这在现实的管理活动中很难做到，但必须确保权责利界面的相对合理。

在岗位设置的阶段性工作完成后，我们需要帮助客户建立一套相对合理的职级架构，即"岗位称重"。考虑到客户本身工业型企业的特点，项目采用了全球领先的海氏评估法（Hay Points），该方法也称为"三维度八要素法"，如图 4-12 所示。

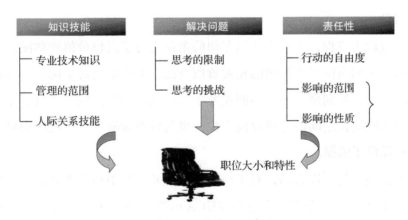

图 4-12　三维度八要素法

由于岗位评估的结果相对敏感，员工会本能地把岗级结果与未来的薪酬水平相关联，因此，合理、公平地开展评估活动显得非常关键。通常企业岗位评估时会采取流程化的操作：①组织评估团队，确定责任主体；

②定义标杆岗位，开展培训项目组内部赋能学习；③由外部专家或咨询顾问开展标杆岗位评估；④项目组复核标杆岗位评估结果；⑤公司高层审批标杆岗位评估结果；⑥基于审批结果完成非标杆岗位的评估与穿插；⑦由外部专家或咨询顾问复核。咨询顾问毕竟是"外来的和尚"，不可能包打天下，要做到评估结果的相对合理，应在项目过程中秉持以下原则：

1）立足现状，适度前瞻（如未来3年）。

2）基于岗位的职责与任职要求，而非任职者个人因素。

3）评估工作自上而下开展，兼顾公平性和科学性。

4）纵向职级关注级差，横向拉通兼顾公平。

5）从数量结构和职级结构选取标杆岗位，确保"锚定"作用，明确岗位级别的"天花板"（管理岗）和"起点"（专业岗）。

6）根据不同场景和对象分别使用逐一打分法和穿插法，确保评估质量和效率达成。

7）评估中第三方顾问提供方法、工具和行业对标，项目组提供岗位相关信息。

通过以上流程，我们为这家苏州的企业交付了岗位价值评估图，帮助其明确了不同岗位对于组织的相对价值高低，形成组织对于岗位价值标准的共同语言，特别是澄清了不同业务单元之间的相似岗位，进行了相同业务单元不同岗位之间的合理价值定位，也为后期薪酬优化、任职资格与职业发展提供了依据。

从上述案例可以看出，对于很多企业，尤其是中小企业来说，岗位管理的基本功仍需要夯实。在越发VUCA的当下和未来，企业岗职管理面临的挑战或风险主要包括以下几点：

1）传统组织结构都是"一个萝卜一个坑"，层级分明，流程清晰，个人分工一目了然，只需要在组织结构图里选出正确的格子就万事大吉，做什么事、找什么人跃然眼前。然而，数字化时代，"混乱"才是企业的常态。过于清晰的组织分工和岗位设置反而可能会束缚住企业的手脚。因此，企业需要兼顾分立和统合、敏捷与稳健、精细与宽松。

2）岗位管理的变革通常是自上而下的。典型的场景是总经理一声令下，执行部门照章办事，而且很多信息都处于封闭和保密状态。管理理论诞生在 100 多年前，当时的试验成本高、失误代价大，而且只有企业的最高层才能掌握全面的信息，只有掌握大量信息的企业创始人或 CEO 才有权制定决策。这种"指挥与控制"旨在有效地减缓速度、减少冒进。但是，步入数字化时代，当企业必须保持一直加速时，这种结构可能会失灵，甚至阻碍组织发展。

4.3　战略驱动的组织变革

1. 组织架构类型以及演变逻辑

企业组织的变革必然有其背后的驱动因素。从靠"做生意的直觉"和懵懂意识的小微企业开始，到大型的跨国公司，企业组织形态的调整与进化有着基本的规律。下面是一个关于企业经营环境、战略、业务结构、管理需要以及组织形态的全景图，它清晰地呈现了组织演变的基本逻辑，如图 4-13 所示。

首先，幼小阶段的企业往往依托较为单一的产品或服务，并且通常面向较为细分的目标市场。企业的人员规模较小，甚至只是一个小家庭作坊，创业者本人要么是技术出身，手上有些产品或技术，要么是销售出身，手上有些客户资源。这个阶段的企业一般不会考虑太精细的专业化分工，一人多岗是常态，没有明显的管理层级，管理也很松散，基本谈不上规范化的组织，组织的形态可能是一个老板同时对应若干名员工，属于典型的直线型组织架构，如图 4-14 所示。

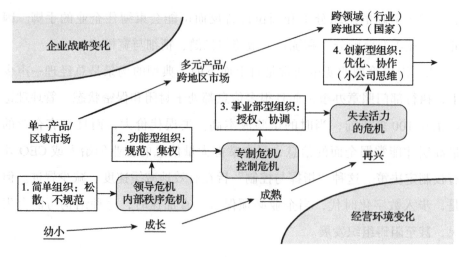

图 4-13　组织演变的基本逻辑

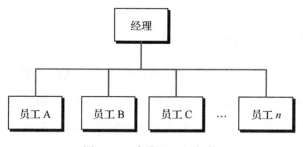

图 4-14　直线型组织架构

随着企业的业务规模不断壮大，通常员工数量也会越来越多，企业从幼小期进入成长期。这个阶段开始需要相对专业的管理，并且员工之间需要有初步的分工，否则业务运作会进入一种无序状态，因此，组织形态会进阶为比较规范化的功能型组织。功能型组织的特点是开始按业务的专业职能分工，比如会设立专门的销售部门、生产部门或财务管理职能部门等。同一性质和类型的工作被归结在特定的一群人身上，形成了部门的概念。每个岗位都需要承担比较清晰的责任，有明确的工作产出。功能型组织架构如图 4-15 所示。

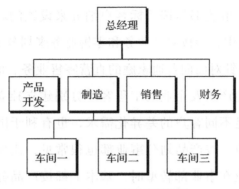

图 4-15 功能型组织架构

如果企业的业务规模进一步发展，企业逐步从成长期进入成熟期，往往业务从单一产品/业务开始延展为多个产品/业务，并且业务辐射的区域扩大，可能从单一区域走向多个区域，业务渠道也开始增加，甚至开启了全渠道布局。如果这个阶段仍采用功能型组织来管理，则可能对市场反应迟钝；同时，随着业务变得复杂，组织内部的沟通成本也相应增加，公司统一标准化的经营管理可能忽视不同业务或渠道之间的差异。所以，在企业进入多业务发展阶段时，组织形态就会进阶为事业部组织架构，事业部将被授予更多的经营管理权限，可以形成完整的经营闭环。但具体的事业部形态可能是根据细分客户、产品或区域来设置的，不同的事业部设置在组织运营上各有其优缺点，也有其适用范围，具体的分析可参见表 4-2。

表 4-2 三种典型事业部的适用范围及优缺点分析

类型	适用范围	优点	缺点
客户型	• 客户类别非常重要 • 对不同客户提供不同服务 • 客户谈判能力强	• 有利于从客户角度出发，提供精准的产品/服务 • 有利于满足不同客户的差异化要求，增强客户黏性	• 不利于面向不同客户群体的职能共享与资源协同
产品型	• 不同产品针对不同客户 • 不同产品间资源要素共享程度低 • 整合后规模经济不明显	• 有利于围绕细分产品来统筹资源 • 有利于构建产品优势，提升产品差异化	• 不利于跨产品的职能共享与资源协同
区域型	• 产品本身价值和运输价值低 • 必须上门完成服务	• 有利于及时送货，降低运输成本 • 有利于快速响应客户需求，提升当地的市场份额	• 不利于跨区域的职能共享与资源协同

其中，客户型事业部是按目标客户细分来设置的。比如，有的商业银行在事业部转型中，会按对公业务和零售业务来划分事业部。又如，有规模的建材企业会针对面向普通家庭的直营零售业务、面向渠道的经销代理业务和面向房地产开发企业的工程客户分别建立独立事业部。客户型事业部有利于满足不同客户的差异化需求，也有利于围绕细分客户培育差异化的服务能力。按产品划分事业部也很常见，比如早年以美的为代表的大型家电企业在事业部转型时，基本上都按产品分别设置冰箱事业部、空调事业部、洗衣机事业部和小家电事业部等。产品型事业部有利于围绕产品来打造专业化能力。按区域划分的事业部更多，最典型的就是我们看到很多大型企业在全国各地都设有分支机构，或者在海外设有分支机构。虽然这些机构名称上不一定叫事业部，但在运作的底层逻辑上，这些属地的业务单元就是为了更近距离地服务客户，以便对属地客户的需求做出快速响应。三种典型的事业部组织架构如图 4-16～图 4-18 所示。

多个事业部分权管理一旦形成，公司的组织形态就将形成公司总部和事业部的两级管理架构，达到一定规模的企业开始走向集团化运作。

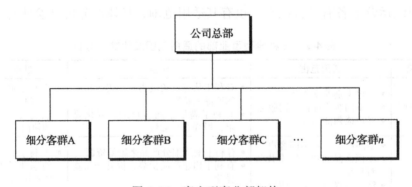

图 4-16　客户型事业部架构

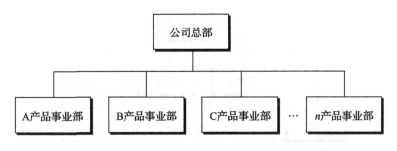

图 4-17　产品型事业部架构

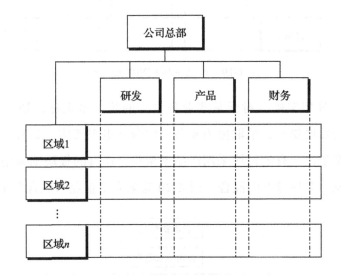

图 4-18　区域型事业部架构

　　事业部制并不是组织演变的终极状态，因为随着企业规模进一步扩张，通常业务还将进一步向产业链上下游进行一体化或多元化延伸，市场也可能从区域市场走向全国市场，甚至全球市场。如果沿用传统的管理方式，则经营决策的链条会越来越长，并有可能因决策层对一线的情况不了解而导致决策反馈迟缓。因此，为了保持活力，组织会在形态上朝更复杂的方向演变。比如，全球化企业通常会形成基于产品 / 业务单元 + 区域的矩阵型架构，如图 4-19 所示。

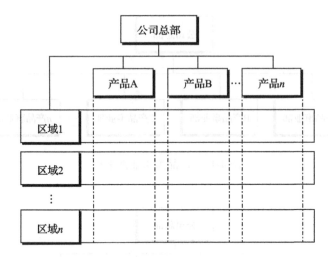

图 4-19　产品＋区域矩阵型架构

除了矩阵型架构，对于某些业务复杂的超大型企业，还会根据不同业务板块的发展要求，采取更为复杂的混合型组织架构，如有的业务板块采用职能型架构，有的板块采用产品型架构，还有的板块则采用矩阵型架构，最终成为多种形态的混合。图 4-20 为某大型企业的混合型组织架构。

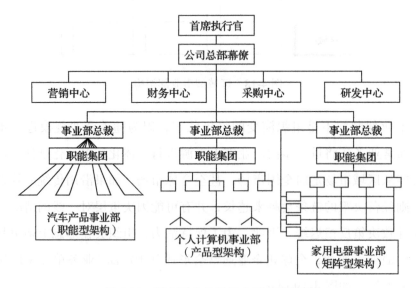

图 4-20　某大型企业的混合型组织架构

总之，组织变革的目的都是让组织更适应业务发展，并确保组织能高效运作，对市场需求快速响应，从而有效支撑战略。所以，一些超大型企业在组织形态上不断地创新，比如，早年日本京瓷的"阿米巴"模式、国内海尔集团提出的"人单合一"生态组织。近年也有一些新兴的企业开始提"去中心化组织"以及"平台型组织"，其背后的本质都是为了激发组织活力，让企业在做大规模的同时还能保持敏捷。

所以，组织演变的内在逻辑就是外部商业环境的变化促使业务战略不断发生变化，而业务战略的变化又需要组织做出变革来支撑，并确保组织能始终保持活力、保持效率。

2. 组织如何有效支撑公司战略

（1）根据战略的目标来优化组织资源配置 前面我们讲到组织变革的目的是服务于战略要求，而服务于战略最根本的就是根据公司战略来优化资源配置。以下为华南某知名时尚集团的真实案例。该公司是国内女装的头部企业，早年依托线下门店的强势布局，业务一直保持迅猛发展态势，但自 2015 年开始，线下实体店销售逐渐疲软，单店业绩连续下滑，公司业务增长面临瓶颈。就在那个时点，公司创始人看到了微信生态带来的新零售机会。为了抓住这个战略机遇，公司在战略上提出了"拥抱新零售"的战略转型方向，并迅速在组织调整上采取了以下几项措施：①在集团的信息中心专门成立微商城技术开发部门，并要求快速搭建团队，争取用尽可能短的时间快速推出微商城 1.0，确保能抓住机会窗口。②成立由集团总裁直管的微商城营运团队，解决商城前期业务推广、流量导入以及与品牌的商品对接问题，并要求快速探索出一套符合公司自身业务特点的微商新零售模式。③通过拓展微商城商品品类来拓宽客群。在多个品牌事业部成立了专营线上销售的蓝标业务部门，并且将产品线从过去只面向中高端顾客的产品定位调整为中高端商品＋大众化商品组合定位，扩大面向的客群。④学习 ZARA 的"快时尚"打法，打破传统的产品研发模式，引进"买手模式"，调整自主生产为主的商品供应为"外采组货模式"，并围绕新业务构建新的业务管理流程。几年后复盘，发现正是当年的"拥抱新零售"战略和为匹配新战略做出的组织调整，以及围绕"拥抱新零售"战略从产品设计、供应链管理再到线上运营的一系列变革，让公司抓住了微商兴起的机遇，享受了微商新零售的巨大红利，同时也为公司打造了全新的组织能力，有效降低了近几年外界环境的不利影响。

再分享某家居跨境电商企业的案例。该企业成立时间不长，由于抓住了近几年跨境电商行业的风口，发展很快。但当我们对这家企业开展深入诊断后，发现它在战略和组织上存在比较突出的问题：这家企业的业务几乎全部押在北美市场（95% 以上），且业务渠道单一（亚马逊占 98% 以上）。当公司管理层讨论未来的业务战略时，大家都看到了公司业务区域单一和渠道单一可能带来的风险，一致认为今后要想实现业务的突破，势必在以下三个方面发力：①打造强大的产品力，从过去的"卖货模式"转为"精品模式"。②突破新渠道。公司要吸取 2021 年国内大卖家被亚马逊封店事件的教训，做出多渠道的业务布局，并且投入资源，争取在亚马逊之外的其他新兴平台上取得突破。③复兴欧洲市场。该公司曾经在欧洲市场的占有率达到 10% 以上，但近年未能与北美市场保持同步增长，未来要把欧洲重新作为主力市场重视起来，预防中美贸易摩擦加剧的可能影响。围绕上述战略举措，组织上如何来有效支撑呢？首先，进一步强化产品部门的职能，要让产品部门在过去做买手选品的基础上，开始针对 1~2 类产品线试点打造爆品，构建产品上的差异化竞争力；其次，投入资源培育亚马逊之外的渠道，尤其是加大资源做大独立站（近年北美增长最快的渠道，份额仅次于亚马逊）等新兴平台；最后，将原来分散在不同板块下的欧洲店铺进行整合，成立公司直辖的欧洲业务部，组建专门团队来研究欧洲市场的政策、渠道、热销品类，开发适合欧洲市场的产品，并针对欧洲市场做精细化运营。

当然不是所有企业的选择都是扩张型战略，有些行业一旦过了快速发展期，靠资源推动的外延式增长边际效应出现明显下降，就需要更关注内涵式增长，更重视通过对资源的综合利用来形成成本优势。在此背景下，组织变革的重心则是整合，要考虑如何通过整合来形成资源协同优势和规模化的成本优势。比如，国内某些智能手机厂商，早年行业快速发展时为匹配公司的战略扩张需要，同时设置两套人马，分头跑马圈地，成功地抢占了不少市场份额，但近两年随着国际贸易摩擦加剧，加上全球智能手机市场增速放缓，过去这种分兵作战的做法首先面临成本上涨压力，同时考虑到两块业务本来在研发、供应链板块有较大的资源协同必要性，公司对两者进行了业务整合。所以，基于战略来优化组织，这种优化既包括资源投入，也包括资源收缩。

（2）**组织变革要指向提高组织运作效率，确保组织的活力**　组织的运作效率，严格来说与企业战略不直接关联，但与企业战略目标达成有较大的关联。我们都知道，当企业达到一定的规模，都将或多或少出现"大企业病"，具体表现为组织机构臃肿、运作效率下降、对市场反应迟缓、组织活力丧失等。还有一种情况是企业规模虽然不大，但战线拉得很长，进入的业务领域较多，如果没有及时进行梳理，也将导致内部运作低效、沟通成本高企。所以，在组织变革过程中为了保证组织的运作效率，都会有意识地控制管理层级，让组织更加扁平，或在业务流程上减少不必要的审核或审批环节，或干脆切小业务单元，尽量让各业务单元形成闭环管理。

接下来讲一个我们在 2021 年服务的另一家跨境电商企业的案例。该企业是一家专做摄像周边器材的企业，成立时间不长，早前通过亚马逊平台面向海外专业摄影及摄像爱好者提供摄像器材周边的五金套件产品。虽然是个小众生意，但由于其定位精准，再加上一直坚持客户导向的研发，短短几年就成了全球摄像周边器材领域的头部企业，并占据了该行业全球三成以上的市场份额。但即便是行业第一，由于目标市场过于细分，其全球的市场规模也不足百亿元。众所周知，大江大河才有大鱼，过于细分的市场意味着企业过不了几年就会面临增长的瓶颈。为此，这家企业在2020年提出新的企业战略，决定从过去的五金套件产品开始全面进军麦克风、补光灯、外接电源等其他摄影摄像周边领域。新的业务战略，理论上需要新的组织架构来匹配，但这家企业仍沿用原来单一业务时的功能型组织架构。比如，直接在原来的研发部门下成立五金套件、麦克风、补光灯以及电池等产品研发小组，在原供应链管理部门下成立五金套件、麦克风、补光灯以及电池等供应链小组。新业务虽然规模不大，但对于这家做五金产品起家的企业而言，并不具备相应的组织能力来支撑。不同的产品线背后是完全不同的行业，所谓"隔行如隔山"，使得不管是在产品研发还是供应链端的资源都无法产生协同，也找不到能同时管控几块业务的研发负责人和供应链负责人。最后导致的结果是企业自孵化新业务开始就在"打乱仗"，不同产品线之间的问题相互交织，扯皮推诿频发。高管投入大量的时间去协调、拉通信息，但也只能是"头痛医头、脚痛医脚"。到底该如何解决这家企业的问题呢？我们团队通过对这家企业进行全面诊断发现，其问题背后的根本原因是未建立与公司业务匹配的组织。为此，我们建议根据公司的新业务战略重新调整组织架构，从过去的功能型组织变革为产品事业部型组织，从过去基于专业功能模块的管理模式调整为基于产品专业化的逻辑来做管理；尊重不同产品线之间的差异性，形成公司总部和产品事业部的两层管理架构，由产品事业部牵头来设计研发和供应链，并基于产品事业部的业务逻辑来构建其闭环管理。只有通过组织变革，才能真正理顺组织运作，从而解决问题。

（3）**明晰企业中各级组织的职责与权限**　正如前文提到的，当一个企业规模小的时候，企业的管理是松散的、自发的，但随着企业规模壮大，为了把工作做得更加精细，往往开始专业化分工，而一旦有专业化分工就意味着不同部门应该承担不一样的职责。尤其是企业达到一定规模后，还将涉及总部与各业务单元之间分权管理的问题，涉及要明晰哪些功能放在总部，哪些功能放在事业部。在相同的领域还要分清楚相应的权限，比如同样是人力资源管理，总部的权限是什么，事业部的权限是什么，都需要做进一步的梳理。总之组织规模越大，围绕组织的责、权梳理越重要。

两年前我们合作过另一家知名服饰品牌企业。该企业从创立以来的10多年里，一直依托其主品牌不断开疆拓土，鼎盛时期一度成了国内最具影响力的服装品牌之一，在行业内也备受推崇。企业与同行业的其他服饰企业一样，从单一品牌开始，后来先后通过自创和收购的方式陆续推出多个新品牌。但与其他企业多品牌独立运作的做法不同的是，该企业新品牌的很多业务功能是依附于主品牌来开展的。企业虽搭建了名义上的集团总部，但实际上许多功能仍放在主品牌相关业务部门中，如面料采购、品牌推广，使得有些业务部门说不清到底是隶属于集团总部还是隶属于事业部，各种业务交织。同时，企业在市场终端的销售管理上也较为混乱，一方面在集团总部成立了市场发展中心，另一方面又在品牌事业部组建了品牌销售团队。一项工作，多套人马，导致销售终端的许多具体业务到底该由谁来负责都模糊不清。品牌事业部与市场拓展中心之间整天扯皮，内耗不断。如何来帮助这家企业解决相关问题呢？

我们首先与企业创始人一起梳理了各品牌的差异化定位，并听取了创始人对各品牌未来发展的设想，然后从品牌间的业务协同价值入手，对各品牌的业务价值链环节做了认真分析。其成果如图 4-21 和图 4-22 所示。

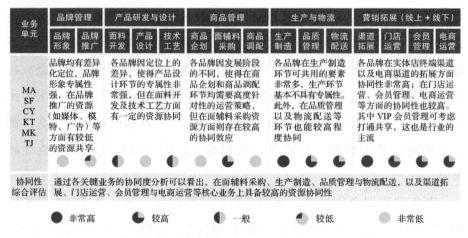

业务单元	品牌管理		产品研发与设计			商品管理			生产与物流			营销拓展（线上＋线下）			
	品牌形象	品牌推广	面料开发	产品设计	技术工艺	商品企划	面辅料采购	商品调配	生产制造	品质管理	物流配送	渠道拓展	门店运营	会员管理	电商运营
MA SF CY KT MK TJ	品牌均有差异化定位，品牌形象专属性强，在品牌推广的资源（如媒体、模特、广告）等方面有较低的资源共享		各品牌因定位上的差异，使得产品设计环节的专属性非常强，但在面料开发及技术工艺方面有一定的资源协同			各品牌因发展阶段的不同，使得在商品企划和商品调配环节均需要高度针对性的运营策略，但在面辅料采购资源方面则存在较高的协同效应			各品牌在生产制造环节可共用的要素非常多，生产环节基本不具有专属性。此外，在品质管理以及物流配送等环节也能较高程度协同			各品牌在实体店终端渠道以及电商渠道的拓展方面协同性非常高；在门店运营、会员管理、电商运营等方面的协同性也较高。其中VIP会员管理可考虑打通共享，这也是行业的主流			
协同性综合评估	通过各关键业务的协同度分析可以看出，在面辅料采购、生产制造、品质管理与物流配送，以及渠道拓展、门店运营、会员管理与电商运营等核心业务上具备较高的资源协同性														

● 非常高　◗ 较高　◑ 一般　◔ 较低　○ 非常低

图 4-21　某服饰品牌集团企业在主业务价值链上的协同度分析

注：伟略达公司 2018—2020 年研究成果。版权所有。

业务单元	战略管理	人力资源管理	财务管理	IT 信息化	其他
MA SF CY KT MK TJ	各品牌在战略管理方面各有差异化的竞争定位，但涉及一定程度的资源共享	各品牌在关键人才的招募渠道、管理干部的培养与发展、校园招聘等职能上存在高度共享	各品牌事业在融资、投资渠道、资金管理、税收筹划等领域高度协同；但在财务核算模块的共享性稍低	信息化工具与平台具备公共属性，因此信息具有较高的共享性，但具体信息化工具的应用具有一定专属性	公司的行政、法务、对外公共关系等业务领域具有较高的共享性及资源协同性
协同性综合评估	通过综合分析，可以看出目前各部门在战略管理、人力资源管理、财务管理以及 IT 信息化等方面存在较高的资源共享性，能实现资源的协同价值				

● 非常高　◗ 较高　◑ 一般　◔ 较低　○ 非常低

图 4-22　某服饰品牌集团企业在辅业务价值链上的协同度分析

注：伟略达公司 2018—2020 年研究成果。版权所有。

通过分析发现，各品牌除品牌形象、产品设计、商品企划与商品调配等品牌专属性较强的功能外，其他大部分的业务都存在业务协同的必要性。

其次，我们将该企业的集团总部、各事业部以及销售片区在主要业务上的工作界面整理成相对直观的管控界面，如图 4-23 所示。

集团总部	MA 事业部	SF 事业部	CY 事业部	KT 事业部	MK 事业部	TJ 事业部	销售片区
战略管理	战略管理	战略管理	战略管理	战略管理	战略管理	战略管理	战略管理
集团战略与子业务单元的业务战略（当前相应职能缺位）							
集团战略与子业务单元的业务战略执行监督与管理方面的职能缺位							
编制管理	人力资源管理 人力资源规划	人力资源管理 人力资源规划	人力资源管理 人力资源规划	人力资源管理 人力资源规划	人力资源管理 人力资源规划	人力资源管理 人力资源规划	人力资源管理 人力资源规划
员工招聘	人力资源招聘	人力资源招聘	人力资源招聘	员工招聘	员工招聘	员工招聘	员工招聘
员工培训	员工培训	员工培训	员工培训	员工培训	员工培训	员工培训	员工培训
当前的绩效管理职能基本缺位							
薪酬管理	薪酬管理	薪酬管理	薪酬管理	薪酬管理	薪酬管理	薪酬管理	薪酬管理
员工关系	员工关系	员工关系	员工关系	员工关系	员工关系	员工关系	员工关系
财务核算	财务管理 财务核算	财务管理 财务核算	财务管理 财务核算	财务管理 财务核算	财务管理 财务核算	财务管理 财务核算	财务管理 财务对账
预算管理	预算管理	预算管理	预算管理	预算管理	预算管理	预算管理	预算管理
税务管理	税务管理	税务管理	税务管理	税务管理	税务管理	税务管理	税务管理
资金管理	资金管理	资金管理	资金管理	资金管理	资金管理	资金管理	资金管理
其他事务	其他事务	其他事务	其他事务	其他事务	其他事务	其他事务	其他事务
法务管理	法务事务						
内部审计	内控合规						
行政、公共关系	公共关系						
IT 信息化	IT 信息化						

图 4-23　某服饰品牌企业的管控界面

注：伟略达公司 2018—2020 年研究成果。版权所有。

不仅如此，我们还在管控界面梳理的基础上，再详细描述了集团总部、事业部以及销售片区在各项管理与业务之间的详细分工，形成了清晰的工作界面。通过进一步描述，明晰在相应的功能领域，公司总部与品牌事业部、市场拓展中心与销售片区之间分别管什么？管到什么程度？甚至在有些业务领域，我们还区分了大事业部和小事业部的差异，确保整体上对成规模的品牌事业部保持在管理上的相对一致性。而小型事业部则因其还处于培育发展期，资源配置尚且不足等特点，在职能管理上由总部承担更多支持与帮扶，在业务运作上则授予其更多的灵活性。表4-3为当年帮该企业梳理的业务管理职责界面。

再次，基于管控界面分工，进一步梳理各业务部门的职责。比如，以调整较大的市场发展中心为例，调整后的部门职责见表4-4。

表4-3　某服饰品牌企业的业务管理职责界面

工作领域	工作模块	集团总部	市场发展中心	品牌事业部	片区
业务管理	产品研发	1.明确品牌调性及品牌差异化定位 2.处理品牌间的恶性竞争（可择机成立研发中心或委员会来承接） 3.统筹订货会时间	组织终端参加订货与评款	1.负责本品牌面料策划与产品研发 2.组织本品牌的订货会（待决策：品牌现状）	1.根据市场数据及消费者诉求反馈市场需求 2.参与订货会前的评款 3.参与订货会（建议：畅销款、标杆店）
	商品管理	审核各品牌的服饰产品不同生命周期中在各渠道的价格政策	1.根据市场数据及消费者诉求，反馈商品需求给品牌事业部 2.组织终端商品专员与品牌进行业务对接 3.配合品牌实施商品生命周期管理（根据货品分类折扣管理）	1.根据年度业务目标开展商品策划 2.组织本品牌评款 3.根据产品生命周期，制定各渠道价格策略 4.制订商品计划，安排生产下单或翻单 5.根据销售渠道、业态、店型、店格的差异动态开展货品调配 6.监控商品库存，调整商品策略	1.根据片区的市场数据及消费者诉求反馈市场需求 2.负责本片区内的货品调拨 3.在品牌公司折扣管理政策下，执行货品分类折扣

（续）

工作领域	工作模块	集团总部	市场发展中心	品牌事业部	片区
业务管理	物资采购及供应链	1. 完善供应商管理体系（含准入、评级和优化） 2. 优化采购、生产价格 3. 监管各品牌开发、采购、生产工作规范合规		1. 面料与辅料的供应商开发 2. 面料与辅料的采购合同签订与采购执行 3. 采购物资的品质检验 4. 非集中采购的其他物资采购	非集采物资的属地采购

注：伟略达公司 2018—2020 年研究成果。版权所有。

表 4-4　调整后市场发展中心部门职责示例

部门名称	市场发展中心
	部门定位
负责集团自营业务的渠道拓展、片区管理以及终端门店的运营，支撑集团业务目标的实现	
关键领域	职责描述
业务规划	● 根据集团的战略目标，制定自营板块的业务目标，并对目标进行分解 ● 基于业务目标，组织制定自营业务战略，明晰举措
渠道拓展	● 联合各品牌制订集团年度拓展计划 ● 负责集团自营业务的渠道拓展与维护 ● 负责推动各片区开店渠道的拓展，并审核其商务条件 ● 审核片区的开店、关店计划，不断优化门店布局
业务运营	● 基于品牌制定运营的策略与举措，指导终端门店的日常运营 ● 根据终端门店及顾客的反馈，对接品牌商品及品牌推广资源 ● 统筹集团的 VIP 管理，打破品牌壁垒，促进跨品牌导流
人力资源管理	● 根据市场条线的业务需求，制定人力资源需求规划与人力预算 ● 负责市场终端的 HR 政策制定、颁布，并监督落地实施 ● 组织开展面向终端员工的绩效考核与薪酬激励 ● 负责组织开展市场条线管理人员、店长、店员的业务技能培训 ● 处理终端员工的劳资关系，处理劳资纠纷

注：伟略达公司 2018—2020 年研究成果。版权所有。

　　除职责分工界面描述以外，我们还针对其业务运作进一步梳理出各级管理者在具体工作开展中的角色和权限，并形成公司自己的"职责权限规范手册"。其中，权限包括"提案、审核、审议、核准"等，以及各级管理者在相应工作中的角色。成果见表 4-5。

表 4-5　某服饰品牌企业总部的经营管理职责权限规范手册（部分）示例

集团总部经营管理职责权限规范手册

职权事项	片区	品牌事业部	集团职能部门	副总经理	总经理	总经理办公会	专业委员会	集团董事会	备注
一　集团战略管理									
1. 集团中长期战略发展规划		参与	战略发展部起草	各部门参与		审议	战略投资委员会审议	批准	
2. 集团年度经营计划与目标设立		参与	计划财务部起草	各部门参与		审议	预算委员会审议	批准	
3. 集团年度经营计划调整									
3.1 调整2%以内（含）		参与	计划财务部提案	各部门参与	财务副总裁审核		批准			
3.2 调整2%以上		参与	计划财务部提案	各部门参与	财务副总裁审核		审议	预算委员会审议	批准	
4. 管控模式与组织结构调整		参与	综合管理部起草	各部门参与	行政副总裁审核		审议			
5. 分权规范手册编制及修订			综合管理部提案	各部门参与	行政副总裁审核		批准			
6. 部门专项职能规划与管理策略			战略发展部起草	各部门参与		审核	批准			
7. 市场调研与分析		参与	战略发展部起草			批准	通报			

注：伟略达公司2018—2020年研究成果。版权所有。

从这个案例中，我们能充分认识到职责和权限梳理的重要性。如果一个组织存在太多的权责交织不清，那么组织运作低效是必然的，组织内耗也是必然的。

3. 组织变革的操作要点

首先是组织变革的时机选择。组织变革之所以称为变革，意味着会涉及打破组织成员固有的思维、习惯，也会在一定程度上打破固有的利益格局。所以，组织变革不能贸然进行，最好是结合公司的战略关键节点来开展。比如，选择在公司三年战略衔接窗口开展组织变革，师出有名的同时也更具群众基础，能较大限度地降低变革带来的阻力，也有助于让组织变革与战略之间建立紧密链接。但有一种情况例外，那就是当企业的经营环境突然发生较大变化时，突发的危机往往需要通过组织快速调整来应对。比如，前文提到的某些智能手机厂商的业务合并，还有这两年受到国家政策、宏观经济环境影响的教培行业、地产行业，受疫情影响的旅游行业等，都是在突发的情况下对公司某些部门及岗位合并或裁撤，或者配合新业务战略赋予全新的职责。

其次是把握组织变革的推进节骤。关于组织变革，勒温（Lewin）在1951 年提出一个包含解冻、变革、再冻结三个步骤的有计划组织变革模型，用以解释和指导如何发动、管理和稳定变革过程。正如前文所说，组织变革通常一定程度上会对组织中的现有秩序带来冲击或打破现有利益格局。为了更为稳妥的推进组织变革，我们建议从如下步骤入手：①理念松土。组织变革首先最好进行一些理念的松土，针对组织中存在的问题，导入一些新的理念，并争取关键岗位上员工的支持。在方式上，尽量在变革之前营造一种有利于变革的氛围，譬如在内部提前做一些相关议题的讨论，让公司上下意识到变革的重要性，为变革造势。②变革方案设计。组织变革方案的设计是变革的关键，方案要抓住关键问题、切中要害，变革方案的设计需尽量让组织内的核心人员参与讨论，如果条件允许，还可邀请外部专家提出第三方建议。③变革方案实施。一旦方案制订完成，要趁热打铁、尽快实施，将组织按新方案快速调整到位，减少新老方案衔接造成的权力真空期混乱。④方案复盘与固化。所有的变革方案都不能确保完美无缺，所以方案实施一段时间后，要在组织内部开展针对新方案的实施情况总结复盘，探讨预期目标是否达成，过去的问题是否得到有效解决，新方案是否滋生了新问题。如果有问题，则可以在新方案的基础上做进一步的迭代完善，然后固化下来，让组织变革逐步进入稳定状态。

最后，要关注变革中人的因素。事实上，任何变革中，人都是最关键的权变要素。虽然在组织变革的时候往往会强调"对事不对人"，但真正的实施则不能不关注人，尤其是关键岗位上的干部。比如，组织调整首先要考虑关键岗位上人员的意愿如何，以及其能力能否胜任。许多企业组织变革不成功，有时不是变革方案有问题，而是方案在实施过程中，关键岗位上人员的意愿或能力不足所致。所以，组织变革一定要关注人，做好人的工作以及人的准备。

总之，组织变革可以说是企业成长壮大中必需的经历，贯穿企业的全生命周期。组织变革也不只是组织架构形态的变化，还可能涉及管控方式、流程优化、组织中责权利格局的打破和重构。所以，组织变革需要打的是一套"组合拳"。只有这样才能真正让组织有效支撑战略、服务于战略，组织变革也才有意义和价值。

第 5 章

战略性人才管理

我国经济如今正从过去依托"人口红利"转向"人才红利",企业间的竞争也从市场竞争传导到了人才竞争。这些年我们也感受到身边的许多企业家朋友在人才问题上越发焦虑。据他们反馈,当前企业在战略承接上不但缺关键的技术、营销和职能专业人才,更缺懂经营的经理型人才,人才短板正在成为制约企业发展的瓶颈。那么,如何体系性地解决企业人才问题呢?我们将其概括为"做标准、做盘点、做发展"的人才管理三部曲,外加有效的评价和激励。

5.1 构建人才标准

战略性人才管理的第一步是"做标准"。做标准就是帮助企业明确当前阶段到底需要什么样的人才,要支撑企业的未来发展需要打造怎样的人才队伍,应该从哪些角度来评价这些人才。针对人才标准,目前在国内有两套体系：一套是源自当年华为引进的英国的国家职业资格证书（National Vocational Qualification，NVQ）任职资格体系；另一套是基于"冰山素质模型"理论的人才素质模型。其中，后者当前相对更为主流，所以这里重点介绍如何构建企业的人才素质模型。

谈"素质模型"之前，首先要搞清楚到底什么是素质。所谓素质，是指在特定的组织、文化、角色或岗位上，能区分绩效表现的、可衡量的系列个人行为特征。素质一词的英文为"competence"，是由美国著名心理学家戴维·麦克利兰教授在1973年提出的。关于素质研究的起源还有一个流传很广的故事：20世纪50年代，哈佛大学的心理学教授麦克利兰先生接到美国国务院外交部门的一项委托任务，该任务是帮助外交部门选派驻外联络官。起初他们应用传统选拔做法，即对各位候选人罗列了智商，学历、文凭和考试成绩，一般人文常识与相关的文化背景等在内的选拔标准，并按此标准选拔了不少人派往全球各地。但在几年后对该项工作回访时，发现当年选拔的人员并不能很好地胜任工作，其中还有很大一部分人因不能胜任工作而离开了岗位。麦克利兰教授后来带领团队对这件事做了进一步的跟踪研究，发现影响这批驻外联络官能否胜任的关键要素并非当年看重的智商、名校学历及基本的人文知识，而真正起到关键作用的是另外几项能力素质。这些素质分别是：

1）跨文化人际敏感性，即能理解不同文化背景的人所讲的话中的真正含义，并预测其反应的能力。

2）正面看待他人，即对不同文化背景及持不同政见的人，尊重其人格，认可其价值，即使面对压力也能如此。

3）领悟政治关系的速度，即能迅速了解谁能影响谁，以及他们的政治倾向的能力。

后来随着麦克利兰教授带领团队不断深入研究，在20世纪70年代后期正式提出影响深远的"素质冰山模型"理论。冰山模型把一个人在岗位上的胜任能力比作水面上漂浮的一座冰山，其中水面上的能力素质是显而易见的，而水面下的能力素质是要深入观察的。并且，他把水面以上的能力称为知识（个人所掌握的信息总和）和技能（指个人运用他掌握知识的方式和方法）；而水面下的能力素质则从上到下分别是"社会角色"（指个人呈现给社会的形象）、"自我形象"（指个人对自己的形象定位）、"内驱力"（指对行为不断产生驱动的需要和想法）。其研究表明：水面上的素质对岗位上任职者的高绩效来说是必要但非充分的条件；而水面以下部分则是为岗位上任职者带来长期成功的个人特质，是决定在其相应岗位上产生高绩效的重要因素。冰山模型一经提出，就在管理学界被迅速推广和应用，也使越来越多的企业开始想办法结合自身特点，建立起适合自己企业的素质模型。

正如冰山模型起源的故事，素质模型是有特定的适用对象的。根据其适用对象，素质模型可分为领导力素质、专业素质和通用素质三种，如图 5-1 所示。

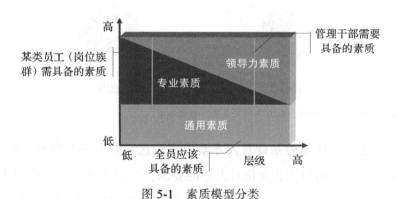

图 5-1　素质模型分类

注：伟略达公司 2018—2020 年研究成果。版权所有。

其中，领导力素质面向的是管理者；专业素质一般是针对专业技术类人员；而通用素质则是对组织中所有员工共性的素质要求。

企业应该如何构建自己的素质模型呢？虽然有不少管理者也学习过冰山素质模型的相关知识，但要设计出适合自己企业的素质模型，还是成为许多企业的难题。有不少管理学者不断总结和推广素质建模的经验，过去10多年来先区分绩优与绩差对照组，再采用行为事件访谈（BEI）来识别产生高绩效关键素质的建模方法曾风靡一时。但这种方法最大的弊端是投入时间长、信息处理工作量大，而且建模过程中对操作 BEI 以及素质提炼人员的专业能力要求非常高，这也导致了该方法不能大面积推广。这些年我们团队通过大量实践，摸索、整理出一套快速有效的建模方法——素质建模工作坊，如图 5-2 所示。

图 5-2　伟略达素质建模工作坊示意图

注：伟略达公司 2018—2020 年研究成果。版权所有。

素质建模工作坊就是针对人才素质建模这项看上去非常专业的工作，通过解码公司战略与企业文化对人才的要求，挖掘干部与员工典型工作案例背后的能力素质，并借鉴优秀标杆企业的成功做法等多维度信息输入的基础上，再采取群策群力、分级研讨的方式来实现快速建模的方法。该工作坊的特点是降低了素质建模的专业门槛，短时间汇聚了组织内部的多方共识，大大提升了素质建模的工作效率，很值得拿来和大家分享。其操作要点概括起来就是如下三个步骤。

第一步：建模准备。

为了做好素质建模工作坊，首先要求在工作坊前期先认真做好如下准备：①明确素质模型的建模对象，是面向管理干部还是专业人员。不同的对象需要在建模前准备不同的信息输入。②分析公司的业务战略，以及业务战略视角下对相应人才的要求。比如，创新导向型的企业在干部素质要求上通常会关注"拥抱变革"或"勇于创新"，而多业务协同发展的企业在干部素质要求上往往会强调"团队协作"。③深度理解企业的文化。我们知道不同的企业文化对人有不同的要求，比如有些企业会强调"勤奋"、有些企业会强调"创新"。④收集一些标杆企业的建模案例，借鉴成功经验。比如，企业在建"领导力模型"时就可以通过一些公开渠道找到如华为、平安、美的、华润等优秀企业在不同阶段的素质模型范例，借鉴其做法。图 5-3 是华为早年的"干部九条"。⑤开展一对一访谈。通过访谈收集本企业优秀员工或干部身上的一些有代表性的故事及工作案例。⑥准备素质词典。为确保全员对素质项目内涵有共同的理解，建模前最好找一部成熟的标准素质词典供大家参照及学习。

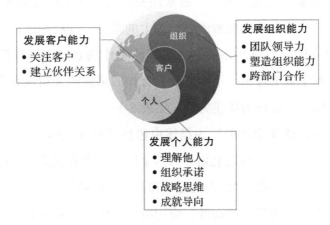

图 5-3 华为的"干部九条"

第二步：组织建模研讨工作坊。

通常建模研讨工作坊由 HR 部门发起。如果是领导力素质模型，参与者一般包括企业创始人或 CEO，加上职能部门领导及业务高管代表；如果是专业素质模型，则除公司高管以外还要邀请相应领域的业务专家或技术专家参加。但不管是哪类素质模型，如果有条件，最好还能邀请有经验的外部顾问参加，确保建模过程中有人提供第三方视角。接下来，根据参会人数的规模进行分组（建议控制在 20～30 人，分 4～5 组），分组的原则尽量要让各组参与研讨人员具有广泛代表性。比如，讨论领导力模型时，每组成员都包括前、中、后台部门，避免组员全是业务部门管理者或全是职能管理者的情况。然后，研讨过程可以先导入建模的方法与工具，介绍一些标杆企业的素质模型案例，再由主持人引导大家分析公司的业务战略对人才的能力素质要求，还可以从发生在干部与员工身上的典型故事来挖掘其背后的能力素质。建模过程中，先由各组在组内形成一致意见，由各组陈述理由，最后汇总并共同筛选出 4～6 项共识度较高的素质作为备选素质项。

第三步：素质的行为化描述。

选取素质项后，仅看素质项及定义往往还是晦涩难懂，也无法直接应用。为了更好地应用素质模型，通常还要求将各项素质分为 4～5 层，做行为化描述，找到素质高低程度在行为上的差异，并提炼出评价要点。此外，素质的分层行为描述还要结合真实的工作场景，以确保后期成果宣导、应用时便于员工理解。下面以我们合作的某保险公司领导力素质模型中的相关素质项分层行为描述为例，见表 5-1。

可以看出，该项素质的行为描述中包括了对素质的定义、层级描述、评价要点等。它在行为描述上划分为四个层级，由低到高的关键词分别是"爱岗敬业""直面挑战""敢为人先"和"成就卓越"。不同层级对应的行为代表该项素质表现程度的高低。应用时可以结合平常对人的行为表现及行为频率的观察来判定其是否具备相应素质，以及相应素质的高低。

表 5-1　某保险公司领导力素质模型素质项的分层行为描述示例

求实进取			
定义	能踏实、认真地完成工作，并有强烈的追求工作成功的愿望，不断设定并努力实现挑战性的目标		
衡量维度	目标的挑战性、突破自我的勇气		
层级	层级名称	行为描述	评价要点
第一层级	爱岗敬业	• 乐于接受工作安排或任务，脚踏实地工作 • 对于常规事务性工作，能按照要求完成	日常工作，非挑战性： • 不抱怨工作安排 • 能按时完成，不需要催促提醒
第二层级	直面挑战	• 愿意承担公司设定的挑战性目标，不退缩 • 面对挑战，积极制定详细的实施步骤，愿意付出额外努力达成目标	有一定挑战性，仍属于： • 接受目标 • 自发制订工作计划，并能付出额外时间和精力完成
第三层级	敢为人先	• 主动制定超越自身过往业绩的挑战性目标，并最终完成 • 主动分析发现公司业务、管理过程中的问题，自发牵头并组织力量解决	主动突破，组织内认可： • 主动制定目标，而不是上级要求 • 主动思考问题（他人暂未发现），自己提出解决办法并完成
第四层级	成就卓越	• 不迷信权威，在大多数人都认为不可能实现的情况下，想方设法达成，成为行业标杆	在行业或业界都比较有挑战性： • 大多数人对该目标有疑问，但做成了，并得到公司内外部的认可

第四步：素质模型的宣导。

我们都知道，好的产品除了有好的品质，还要有好的包装和推广，对素质模型来说也一样。所以，当确定了素质项以及进行分层行为描述后，还要对素质模型进一步归纳提炼和宣导，要从员工易懂、易记、易传播的角度进行必要的包装和宣导，比如将各项素质归纳整理成有特定意义的图案，或总结为一条高度概括的标语。易懂、易记、易传播对素质模型后期的应用非常关键。例如，华润集团当年的领导力模型就应用华润集团的LOGO 图案，将集团领导力素质模型的相应素质项做了较好的归纳和呈现，如图 5-4 所示。

华润集团领导力素质模型（CRC）

赢得市场领先　Compete for Market Leadership
◎ 为客户创造价值　◎ Creating Value for Customer
◎ 战略性思维　◎ Thinking Strategically
◎ 主动应变　◎ Acting Proactively

创造组织优势　Re-generate Organizational Advantage
◎ 塑造组织能力　◎ Building Organizational Capability
◎ 领导团队　◎ Leading Your Team
◎ 跨团队协作　◎ Collaborating Across Team

引领价值导向　Champion Corporate Credo
◎ 正直坦诚　◎ Acting with Integrity
◎ 追求卓越　◎ Driving for Excellence

图 5-4　华润集团领导力素质模型（CRC）

在宣导的方式上，企业可以开展集中培训，也可以通过在公司内部刊物上发表专题宣传，或发起素质模型学习的专题征文等。

建立素质模型是体系化人才培养的第一步。它能清晰地传递企业对关键人才在素质及日常行为上的要求，是企业人才职业发展道路上的灯塔。然而，建立人才素质模型并不代表人才培养和发展的工作全部完成，而仅仅标志着人才培养和发展工作刚刚起步。

5.2　战略性人才盘点

企业开展战略性人才盘点目的有两个：一是站在公司角度来看，帮助了解关键岗位上人才队伍的能力现状，搞清楚公司的人才家底；二是从员工角度来看，帮助了解个人能力的长短板，让员工形成清晰的自我认知，进而促进业务能力提升。

1. 人才盘点对象与盘点维度

战略性人才盘点的对象通常包括三个群体：中高层管理干部、关键岗位上的员工和后备人才。

人才盘点通常要考虑三个维度：①能力／素质。这通常对应相应岗位所在素质模型中的能力或素质项，其中专业人员对应专业素质模型，管理干部则对应领导力素质模型或干部素质模型。②绩效结果。绩效结果反映的是员工在工作岗位上的实际绩效产出，通常是看最近一个年度的绩效结果。③发展潜质。企业人才盘点的目的除考核关键岗位员工当前的能力和绩效以外，通常还会关注员工未来是否有发展潜力。但发展潜质的评价对于许多企业都是个难题，有些企业会用"学历"和"年龄"两个维度来观察，但实际效果不佳。可以借鉴国际知名咨询公司合益集团研究的高潜人才素质模型。其研究成果发现，一个人的发展潜力可以通过如下五项素质来观察：①跨领域思考。员工将在某一领域的工作经验、思维方式或者知识技能等有效地运用到另一个领域，用更宽广的视野看待问题，深入观察，发现问题的内在联系。②情感成熟度。员工将消极反馈和困难看作学习成长的机遇，能够在不熟悉的岗位和高度挑战的环境中从容应对情绪压力并从中学习，保持客观冷静。③自主学习。员工能主动、积极地采取措施获取所需知识和技能，以提高工作能力、改善工作绩效。④洞察力。员工能够快速发现问题的核心、本质和关键所在，及时找到解决问题的方法，改进工作。⑤社会同理心。员工能够站在对方的角度考虑问题，注意倾听并对他人的感受表示理解，设法理解他人的行为和动机。

2. 人才盘点工作的步骤

人才盘点工作通常按如下三大步骤进行，如图 5-5 所示。

步骤一：掌握规则。所有参与盘点的人员在盘点前要熟悉盘点工作流程及相应的工作标准，尤其是盘点评分标准要尽可能一致。例如，素质评分中常用的"五分量表"见表 5-2。要在标准中明确达到什么样的行为可以给到 4 分，什么样的行为在 2 分以下。这些操作流程与评分标准须尽可能在正式盘点前组织专门培训，并模拟试评，才能确保大家对标准的理解基本一致。

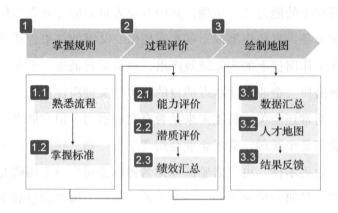

图 5-5　人才盘点工作步骤

注：伟略达公司研究成果。版权所有。

表 5-2　某企业的素质盘点五分量表

评分	含义	描述
5	优秀	在各能力项的行为描述中，绝大部分或全部行为都有突出表现，一般表现为能处理更为困难的情境或更高频率地展现相关行为
4	良好	展现出能力项行为描述中的绝大部分行为，且在其中某一项行为上有突出表现
3	合格	展现出能力项行为描述中的部分行为，但在相关行为上无显著缺陷或负面表现
2	待提升	展现出能力项行为描述中的部分行为，但在其他行为上展现不足或有负面行为表现
1	亟待提升	在能力项的行为描述中，绝大部分或全部行为均无明显展示或有负面表现

注：伟略达公司研究成果。版权所有。

步骤二：过程评价。做好相应的准备后，则进入正式的人才盘点环节。这个盘点包括技能或素质项的逐项评价、绩效维度信息收集并评价、潜质评价三个维度，这三项评价可以并行或串行开展。

步骤三：绘制人才地图。各项评分完毕，则需要根据各维度的权重做好数据的汇总整理，同时结合汇总数据绘制人才地图，对于盘点结果中对员工的发展建议，应由其直接上级向员工做正式反馈。

3. 常用的人才盘点方法

人才盘点方法与工具多种多样，大体上可以归为如下四种。

（1）**360 度问卷**　360 度问卷是最常见的盘点方法之一，其操作方法是将相应的素质标准转化为行为测评问卷，然后邀请盘点对象的上级、有业务合作的同僚以及下属参与评分。原则上参与盘点的人数控制在 4～6 人，并分别设置盘点计分权重。由盘点人基于日常观察，依据对照素质的行为标准进行逐项评分，评分完毕再根据不同盘点人的权重进行数据汇总。360 度问卷的优势是参与评价的人较多，信息反馈全面，能修正单一维度的观察盲区。但 360 度问卷的不足之处首先是数据处理的工作量大；其次就是由于评价时采用"背靠背"打分，可能会出现不同盘点人因对标准的理解不一，打分尺度不统一，而使盘点评分出现偏差。

（2）**人才盘点会**　人才盘点会就是通过成立盘点小组，采用讨论评议的方式来开展人才盘点的方法，有的企业也称之为人才盘点圆桌会议。盘点会需要设置主持人、决策人、记录员和盘点人（通常 3～5 位）四个典型角色，如图 5-6 所示。

其中，决策人通常由本轮盘点会中的高层管理者担任；主持人以及记录员的角色则由人力资源部的同事担任；盘点人则根据盘点对象的范围，提前安排 3～4 位管理者来担任。如果条件允许，还可以邀请外部专家顾问作为现场指导，适时针对盘点会现场的问题予以帮助。

盘点会的操作流程一般是：首先，由主持人介绍盘点会的操作流程和评分标准。其次，组织盘点人再度熟悉盘点标准，并现场再模拟一次盘点评分。再次，正式开展对人才的盘点，由各盘点人对照相应的能力素质项目逐项评分。评分过程中，如果分歧严重，则要求给出最高分以及最低分的盘点人讲述评分理由，并举出具体事例。最后，由决策人结合相关人讲述，拍板确定各项素质的最终评分。采用盘点会进行人才盘点的优势是操作较为高效，并且现场评分过程中会有讨论，因此对评分标准的理解会更为统一，评分尺度上也会相对一致。此外，在盘点过程中不仅是评分，还会补充一些观察案例，评价也更为客观全面。不足之处则是选用这种方法需要企业的文化氛围较为开放。

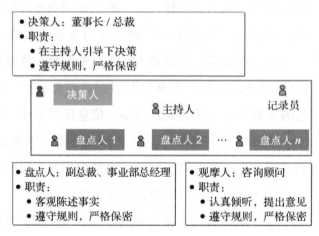

图 5-6　某企业高管人才盘点会示例

注：伟略达公司 2018—2020 年研究成果。版权所有。

（3）**行为事件访谈（BEI）**　上一节介绍素质建模时曾介绍过行为事件访谈（BEI），其实 BEI 不但可以用来建模，也可以用来做人才盘点。BEI 是通过结构性的访谈设计，让员工用第一人称视角讲述最近两年来发生的、本人亲身经历的典型故事（工作场景的案例），并且每个故事的结构都要详尽介绍，包括什么时间，什么地点，什么背景下做了某事，当时的想法、做法以及产生什么结果等，再由经验丰富的内部专家或外部顾问对访谈信息进行素质解码（Decoding），并对照胜任素质标准判定其素质高低的方法。BEI 的具体过程如图 5-7 所示。

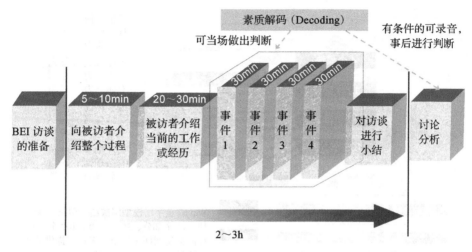

图 5-7　BEI 的具体过程

每场 BEI 一般耗时 2～3h。该方法的优势是所有任职能力的评价都是从员工真实的工作场景案例中获得的，评分的同时还能对员工进行深度观察。但其缺点就如前边讲到的，工作量大、信息处理耗时长，并且对操作 BEI 的人员专业能力要求高，评价结果易受其专业能力的影响。

（4）**运用测评工具盘点**　采用在线测评工具进行盘点是近年来被广泛采用的一种盘点方式。目前多家国际咨询机构以及一些国内咨询公司基本上都开发了自己的测评工具。比如知名国际咨询公司韦莱韬悦（WTW）就有强大的人才测评工具——Wave® 金字塔模型，如图 5-8 所示。

又如，另一国际咨询公司合益集团在人才测评领域的积累十分深厚，既有面向基础能力素质测评的 Talent Q，也有针对管理者的"学习决策风格""情商""组织氛围""价值观""领导风格"等一系列测评工具。应用测评工具的最大优势就是效率高，通常用不到 1h（根据工具的数量而定）即可完成在线测评并生成报告。但运用工具进行人才测评最大的问题就是大部分工具信效度不太稳定，容易受测评者测评过程中主观动机的影响（逻辑智商类除外），所以我们倾向于将测评工具作为人才盘点的辅助参考。

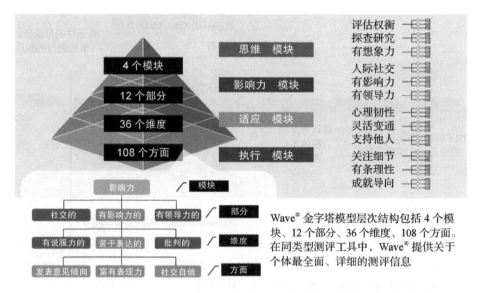

图 5-8　人才测评工具——Wave® 金字塔模型

上述四种盘点方法在实践应用中各有优劣，几种方法既可单一使用，也可组合起来使用。比如，有的企业在 BEI 的盘点过程中参考测评工具中的胜任能力测评报告；有的企业在管理干部盘点中先采用 360 度问卷测评，再通过人才盘点会对结果进行校核。

4. 人才盘点报告与应用

人才盘点工作结束一般会形成三项成果，分别是：个人盘点报告或胜任力评价报告、团队能力盘点报告和综合盘点报告。

（1）**个人盘点报告**　个人盘点报告的内容通常包括各项能力素质项得分、整体评价以及发展建议等。某金融企业高管个人盘点的示例如图 5-9 所示。

个人盘点报告直接应用就是帮助员工形成清晰的自我认知，并针对个人能力短板来制订个人发展计划（IDP）。

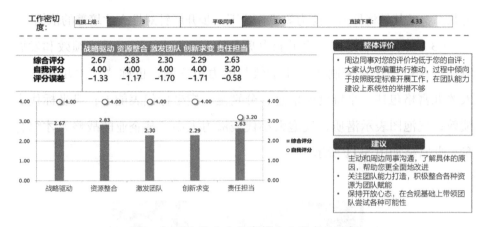

图 5-9 某金融企业的高管个人盘点的示例

注：伟略达公司 2018—2020 年研究成果。版权所有。

（2）**团队能力盘点报告** 除个人盘点报告外，通常还需要针对团队样本出具整体能力素质盘点报告。团队能力盘点报告中包括对整体样本的能力素质分析，还可以分层分类进行交叉分析。某金融企业的高管团队能力盘点报告的示例如图 5-10 所示。

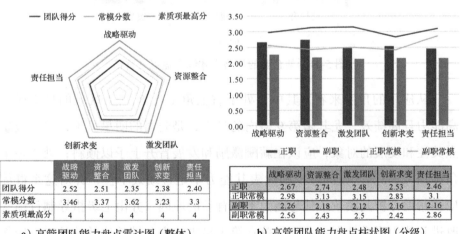

a）高管团队能力盘点雷达图（整体） b）高管团队能力盘点柱状图（分级）

图 5-10 某金融企业的高管团队能力盘点报告的示例

团队能力盘点报告，其应用方向就是帮助决策层看到相关群体的整体能力状态，尤其是将群体的能力短板作为下一步开展针对性人才培养的依据。

（3）**综合盘点报告**　除了能力盘点外，综合盘点还要结合绩效和发展潜质等维度的信息来制作人才绩效与能力矩阵图，也称"人才九宫格"。人才九宫格包括三个维度的信息，分别是：横坐标代表能力；纵坐标代表绩效；气泡图表示潜质，气泡大小代表潜力大小。某企业的战略人才综合盘点九宫格如图 5-11 所示。

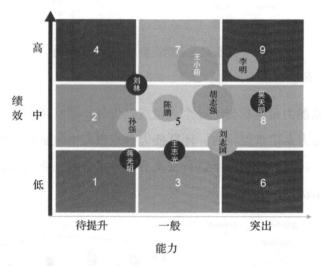

图 5-11　某企业的战略人才综合盘点九宫格

从应用的角度来看，其中，处于右上角（7、8、9）区域的员工属于高能力且高绩效，尤其是第 9 格内的员工，是公司的明星员工，也是应重点关注和发展的对象，应该在薪酬激励和发展晋升上予以倾斜；处于左下角（1、2、3）区域的员工则代表其能力不足且绩效不佳，针对这个群体应该帮助分析其绩效不佳与能力不足背后的原因，并由上级指导制订绩效改进和能力提升计划，尤其是落在第 1 格内能力和绩效均低的员工，应作为公司的优化对象。

总之，人才盘点是人才发展工作的关键一环，要结合企业实际，选用合适的方法才能有效完成。只有认真做好人才盘点工作，才能真正清楚企业的人才现状，从而为企业的业务发展以及人才发展奠定基础。

5.3　创新的战略性人才发展方法

每家企业都希望在战略执行过程中能够"良将如潮、兵马如云"，从而推动战略实现。企业创始人或 CEO 普遍认识到：企业短时间内为了推动新业务快速发展，必须从外部引入新人，但是如果没有通过内部人才发展形成企业的人才梯队，企业的人才瓶颈就会长期存在。然而，一谈到人才发展，很多企业创始人或 CEO 仍然停留在过时的认知里面，认为人才发展就是搞培训。其实，企业人才发展，尤其是针对战略型人才的发展，已经在过去几十年有了非常大的进步，涌现出很多创新的方法。以下是我们团队这几年在企业客户端积累的一些实践案例。

1. 企业人才发展的 7-2-1 模型

企业的人才发展不同于学校教育，实战训练多于理论学习。经过咨询与培训机构、企业的大量实践，业界总结出来适用于企业人才发展的 7-2-1 模型，如图 5-12 所示。

该发展模型告诉我们，首先，企业员工的能力提升有 70% 来自工作实践。所以，企业人才发展系统的重点在于帮助员工通过实践尤其是挑战性的实践来反思、总结和提升能力，具体举措包括轮岗、外派，或者在项目型工作中承担重要的角色。其次，企业员工的能力提升应该有 20% 来自业务伙伴间的相互反馈，具体举措包括上级对下级的一对一辅导、同级同事间的相互反馈以及同行业的交流互动等。另外，员工的能力提升还有 10% 来自传统方式，即从书本和课堂中学习，其措施包括参加课堂培训、阅读工作相关的书籍，也包括参加相关的学历教育，如 MBA 等。基于

7-2-1模型，企业进行人才发展时，应该摆脱过去简单的课堂式培训或书本学习的办法，将侧重点放在通过工作任务来训练人才的实战能力上，也就是常说的"干中学""战训结合"。新的企业人才发展实践是：企业人才发展专业团队通过深刻分析目标群体在企业战略执行中的需要，结合员工能力盘点的结果进行针对关键能力的培养方案设计，其中尤其注重在实践中学习，并且将挑战性的工作任务、反馈辅导与课堂学习融为一体，确保人才发展的效果。我们为某房地产公司设计和实施的人才发展计划如图 5-13 所示。

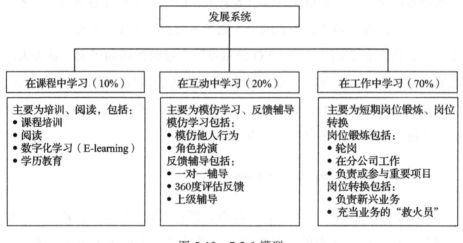

图 5-12　7-2-1 模型

2. 行动学习

行动学习（Action Learning）最早由英国剑桥大学雷格·瑞文斯（Reg Revans）教授提出，即"没有行动，就没有学习"。他提出了一个著名的行动学习方程式：行动学习（AL）＝结构化知识（P）＋质疑性见解（Q）＋反思（R）＋实施行动（I）。其中，结构化知识（P）主要是指来自教材或专家传授的专业知识；质疑性见解（Q）则是指基于批判性思维提出疑问和不同见解；反思（R）是指对问题或事实的深刻回顾与探究更优解；实施行动（I）是指通过上述步骤针对更优解开展具体的行动。

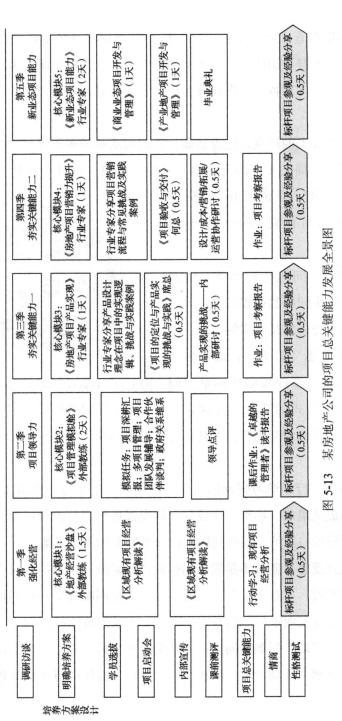

图 5-13 某房地产公司的项目总关键能力发展全景图

注：伟略达公司 2018—2020 年研究成果。版权所有。

经过多年在管理实践中的推广，行动学习逐步具备了以实践活动为重点、以学习人群为团队、以真实案例为对象、以角色扮演为手段、以解决问题为导向等诸多特点，由此成为许多企业开展人才发展时首选的方法之一。

以瑞文斯等人的经典理论为基础，我们团队基于多年管理咨询实践经验，提出了一个简洁易用的行动学习六要素模型，如图 5-14 所示。该模型由问题、小组、质疑反思、付诸行动、学习承诺与催化师这六个要素构成。

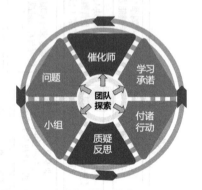

图 5-14   伟略达行动学习六要素模型
注：伟略达公司研究成果。版权所有。

（1）**问题**   问题是行动学习的起点和目标，解决问题的过程就是学习的过程。问题本身一定是真实的，对于组织或个人既重要又紧急，且面对多个不同解决方案。企业战略性的重大问题，比如发展模式的选择、目标客户的筛选、关键资源的配置等，尤其适合作为中高管人员进行行动学习时的问题。

（2）**小组**   行动学习强调团队学习，一般每个学习小组由 4～8 个背景多元化的成员组成。小组一旦成立，就应该进行内部的角色分工，订立共同学习的目标与契约，围绕问题进行分析思考和提出对策。

（3）**质疑反思**   质疑不是简单的怀疑，而是鼓励学员挑战权威或者既有的思维与实践，要敢于批判别人的观点，但是同时提出自己的具有建设性的意见，从而实现学员之间的互相激发、力求创新的可能。

（4）**付诸行动**   强调共同学习的结果要在实践中检验。各学习小组应该制订行动计划，推动学习成果在企业中转化为具体的行动措施和经营管理成果。

（5）**学习承诺**　所有学员共同制定学习承诺，包括学习纪律、讨论规则、评价制度等，是保证整个学习过程有序推进的"集体合同"。

（6）**催化师**　这是行动学习的核心要素，负责行动学习过程设计、控制学习节奏、激发质疑和反思、调节研讨气氛、帮助小组获取资源与解决学习障碍。

接下来分享一家知名药企的行动学习案例。该药企是医药合同加工外包（CMO）上市企业，在运行中层干部人才发展项目的过程中，大胆尝试引入了行动学习。企业创始人和学员们共同挑选了关系到企业战略发展的几个重大课题作为几组学员的行动学习题目，其中有一条是关于企业开展医药合同研发外包（CRO）业务的研究。彼时，该企业内部一直对于是否在 CMO 业务基础上开始拓展 CRO 业务存在比较大的争议。企业创始人认为，让这些中层干部通过行动学习的方式来研究这个问题并给公司高管团队提出具体的建议，既能锻炼学员的能力，又能推动企业高管团队对这个问题制定明确的决策，是典型的"一举两得"。

该组的几个学员来自企业的不同部门，学历上有博士、硕士也有本科生，背景比较多元。学习小组的组长是来自研发部门的一位博士。在催化师的引导下，学习小组首先订立了小组的学习承诺，共同约定"能力提升是自我责任，帮助企业解决战略问题才能展现个人及小组能力"。在学习承诺指引和小组成员互相监督提醒的状态下，他们克服了繁忙工作以外还要投入大量时间来进行课题研究的困难。针对"公司是否应该开展 CRO 业务"这一问题，小组首先澄清了 CRO 业务的本质，制订了清晰的研究框架和项目计划。之后，小组严格按照项目计划，在催化师的引导下，整合企业内外部资源，非常高效地完成了行业研究、企业本身的业务基础能力研究、CRO 业务的可行性研究、新业务开展的资源计划等模块内容。其中，针对企业内部不支持开展 CRO 业务的观点，他们冷静地分析了这些观点的依据，在收集了全球同行业公司的相关数据和实践情况资料之后，又积极主动地通过各种渠道了解了客户期望以及竞争对手的动态，从而形成了逻辑严密、基于数据的分析报告，有力驳斥了反对派的主要论点。在人才发展项目完全结束之前，这个学习小组就向企业高管层提交了正式的行动学习成果，建议企业尽快启动 CRO 业务。企业创始人和高管团队在听取了行动学习小组的成果汇报之后，觉得质量很高，并顺势而为进行了内部的专题战略研讨，任命该行动学习小组成立项目小组，配合企业的战略部、运营部等相关部门开展工作，推动 CRO 业务启动和发展。三年之后，该企业的 CRO 业务已经成为企业的第二增长曲线。企业创始人多次在企业内部提到此事，认为该人才发展项目，尤其是其中的行动学习是该企业做得最好的投资之一。

3. 体验式学习

体验式学习是指借助特殊的、具有挑战性的情境和场域，为参与者个体或集体创造一种体验，让参与者在体验过程中进行思考与开展行动，从而获得相应的知识、技能、内心触动与认知改变。体验式学习是对传统课堂式与书本式学习的有益补充，能够让学员具有对内容的参与感和拥有感，已经成为企业人才发展的创新方法之一。从众多知名企业开展体验式人才发展的实践与效果来看，体验式学习更强调过程中的心流（Flow）和冲击力，从参与者需要提升的关键素质入手进行过程设计，注重认知、心智、价值观、体能、技能的全方位体验与探索，帮助参与者发生从认知到行为的改变，进而从个体能力的角度对企业战略与业务发展予以强有力的支撑。

体验式学习过程应经历五个不同的步骤：锚定目标、角色挑战、思考实践、教练辅导、集体反思。将这五个步骤归纳为如图 5-15 所示的体验式学习模型。

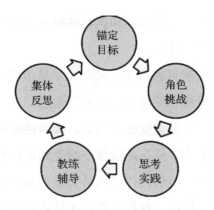

图 5-15　伟略达体验式学习模型

注：伟略达公司研究成果。版权所有。

下面分享一个某知名企业的体验式人才发展案例。该企业近年来提出了高速扩张的战略目标，基于新的战略要求，需要积极推进关键人才梯队建设。企业人力资源部和高管团队针对关键人才的培养与发展，重点锁定了责任担当、进取创新这两条关键素质，希望能培养总数不少于 80 人的"80 后"人才成为实现企业战略的中坚力量。该企业面临的一个挑战是：这些年轻的管理干部大多是跟随企业成长起来的，缺乏在激烈的市场竞争环境下克服困难与挑战的经历，更缺乏围绕客户需求创新的紧迫感。用企业董事长的话来说，就是"过去太顺了，没有经历过真正的挑战，缺乏放手一搏的勇气与坚持"。

（1）**锚定目标**　我们基于该公司领导力素质模型，尤其是"责任担当"和"进取创新"这两条素质，锁定了体验式学习的设计目标。在我们团队拥有的各种情境与场域当中，针对"克服挑战"的设计思路是寻找比较艰苦、加大挑战的选项，如"戈壁徒步""海岛生存"之类的项目；再结合"责任与创新"的体验需要，与企业高管团队最终共同选定了"百公里戈壁挑战"这个项目。选择聚焦人才发展项目实际问题解决和能力提升为方向，形成了代表沟通、合作、创新、信息共享、资源配置、科学决策、冲突管理等企业当中解决问题和执行战略必需的关键能力素质项，以深度体验管理情境贯穿全过程。

（2）**角色挑战**　在项目设计中，我们让学员组成多个小组，而小组里面又让组员自行选择组长、导航员、后勤等角色。三天内在高温负重和有限补给的情况下完成百公里戈壁徒步行走，极为挑战学员的体能和坚持到底的意志。此外，为了让学员在此过程中感受到责任担当，我们还设计了行走过程中的角色互换、小组内评议成员贡献等细节；为了让学员体会到面临挑战时创新的巨大作用，我们又设计了徒步中的"无导航设备时自创指南针""如何在没有火引的情况下生火煮饭"等多个活动。这些设计都是让学员们拥有更多的体验感，充分感受到资源不足而目标很高时，如何发挥个人及团队的潜能，"咬牙坚持、灵活求变"，才能走到终点、取得胜利。

（3）**思考实践**　为了让学员在三天的过程中不断积累和强化收获，我们团队设计了出发前、行走中、每晚露营时、行走结束后的总结会议这一系列活动。出发前，学员们收到了个人素质测评报告，并在教练的辅导下，进行了初步的自我认知，从个人性格、成就导向、创新思维等素质方面了解自我特征，受到初步的触动。在行走中，学员之间进行互相交流，每完成一个挑战活动就会在教练的引导下进行思考和小结收获。每晚露营的时候，学员们按小组围坐在篝火旁，认真地反思白天在行走路线及竞争策略选择、小组内各司其职、互相协作等方面的得失，并策划第二天如何能让小组的成绩明显提升、最终冲刺夺冠。在行走结束后的总结会议上，学员们非常踊跃，顾不上一身的疲惫，在教练的引导下，结构化地反思与总结了在整个挑战过程中个人与小组的表现，再与企业实际工作进行联系，明确了自我需要在"责任担当、进取创新"方面提升与强化的目标和行动计划。让学员不断进入角色、逐渐强化体验感、实现自我反思与产生改变的欲望，这一切都依赖于我们团队与企业方工作小组的紧密配合，按照体验发展路径图谱来设计与严格实施，如图5-16所示。

责任担当	进取创新
责任是一种使命，是一种品质和习惯，是对自己所负使命的忠诚和守信。担当力是主动改善困境的意愿度，而不管困境的原因如何	面对困境也能表现出积极主动，有影响力，有较强的信心，并不断寻求解决方案。具有提出建设性意见且推动不断进步，不受当前问题影响的能力

践行目标（目标、组织、自我）	□ 趋同价值观和共同目标，使其共振出巨大能量，挑战88km的洗礼 □ 认知和剖析自我，改善拖延、推诿、被动的行事习惯 □ 具有很强的目标感和行动力，遇到障碍和困难更聚焦目标和结果 □ 团队内部不断彼此激励，使命必达，使结果趋于更高效，并合理管控目标 □ **第一天聚焦“目标管理”**	□ 独行者速，众行者远，激情和信任来源于平日而应用于当下。体验行走中团队间的脆弱以及影响力的缺失，导致错误累加，又错失一次次修正和止损的机会 □ 分析和确定问题并提出合适的解决方案，能够承受内外部压力，保持团队的士气 □ 因计划改变导致人员和架构调整带来的创变，团队逆境聚焦、心排杂念、关注眼前 □ **第二天聚焦“组织管理”**	□ 让高企的目标和卓绝远见激发个人和团队的潜能，突破工作和生活的疆域，承受阵痛、煎熬、挫折、绝望，伴随创新和冒险，同时镌刻光荣、激情和梦想 □ 全力以赴争第一，秉承勇攀高峰的情怀，勇于承担风险，不满足于现状，推动和影响成就团队 □ 不甘落后，不拖后腿，捍卫团队荣誉 □ **第三天聚焦“自我管理”**
发展方式	□ 建立科学的挑战理念及团队必胜的勇气和信心；树立优秀对标个人和团队榜样 □ 全程设置三天高标准88km挑战目标，并立军令状，复盘对照军令状，奖励优胜者 □ 严格落实行走装备等全方位注意事项 □ 关门时间每天梯次递减20min □ 回炉：阶段成果总结	□ 使用行动记录，缩小计划和实际的差距，通过一定的帮助发现和解决问题 □ 因表现不佳，最后一名被强行取消番号、撕毁队旗，队员被队长推销至其他队中，队长最后一个离开队伍。面临组织割裂后痛定思痛，团队呈现反弹力 □ 脚力不济、导航中断，面对茫茫戈壁仅凭指南针走出绝境，是对每个管理者的综合测评。“失联决断”团队内部的冲突、分歧将再次显现，沟通障碍、目标茫然，这一切都要在最短的时间内解决 □ 回炉：阶段成果总结	□ 凡事以预立而不劳，从一双合脚的鞋子开始 □ 细化策略，细到取消补给点补给以及水负重，一旦无法支撑，是“舍车保帅”还是“舍生取义” □ 考验团队进取拼搏的愿力，在番号被取消后通过最后折损恢复番号 □ 设置团队最高荣誉“沙克尔顿奖” □ 复盘对照军令状，奖励优胜者 □ 回炉：阶段成果总结

图 5-16　体验式领导力发展项目的部分设计图

注：伟略达公司 2018—2020 年研究成果。版权所有。

（4）**教练辅导** 在体验式学习的过程中，教练的作用是巨大的。教练既要设计整个体验的过程，又要在过程中帮助学员萃取体验的精华，得到高质量的学习效果。在这次戈壁徒步项目中，我们提供了两种教练：体能教练和企业教练。体能教练主要辅导学员们掌握戈壁长时间徒步行走的技能要点、克服各种挑战活动的体能安排和安全保障；企业教练的作用则是帮助学员们形成深层次的自我反思，从行动到认知到内心"剥洋葱"式地自我洞察与检讨，并把自我发展目标与组织发展目标进行有效的连接。教练从观察者的角度，提供有冲击力、有启发性的反馈与点评，让学员们能够在体验中更有效地形成高质量的学习收获。

（5）**集体反思** 在企业的人才发展项目实施过程中，个体的学习与能力提升很多时候来源于集体环境下他人的反馈与激发。在本次戈壁挑战项目的实施过程中，各小组在每个挑战活动完成后都必须进行集体反思。集体反思的好处在于，让学员深刻感受到，在茫茫戈壁的艰苦环境中，如果不依赖集体的力量，个人是很难坚持走到终点的，更别提要战胜其他强大的对手取得胜利。此外，小组成员的反馈就像"照镜子"一样，客观地让每个人看到了自己在小组面对挑战与危机的真实心态与行为特点，从而产生自我警醒。集体的反思才能弥补每个人的盲区，避免个人主义导致小组整体失误。正是出自在戈壁艰苦条件下对集体的依存感，才能让每个学员认真接受小组成员的任务分工、反馈与要求。这次戈壁挑战的竞争规则设计，也有意强调了集体取胜，从而让学员们深刻领会到在企业环境中跨部门协作、靠整体能力打造竞争优势的必然性，体验再次上升到个人发展与组织发展融合的境界。

这次戈壁挑战，经过了我们的精心设计与精细实施，成为企业方体验式学习的一个经典项目，给学员和企业都带来了深远的影响，得到了企业高管团队的高度评价。这绝非简单的团队拓展活动，而是从企业战略发展需要出发，紧扣学员群体素质特征，糅合多个专业的体验式人才发展活动。

4. 沙盘模拟

沙盘模拟源自军事上的战争沙盘模拟推演。战争沙盘模拟推演通过红、蓝两军在战场上的对抗与较量，发现双方战略战术上存在的问题，提高指挥员的作战能力。英、美知名商学院和管理咨询机构认识到这种方法同样适合企业对中高层经理人员的培养和锻炼。在对军事沙盘模拟推演进行广泛借鉴与研究之后，一系列沙盘模拟培训应运而生，包括经营沙盘、运营沙盘、财务沙盘、项目管理沙盘等。在沙盘模拟培训中，学员得到的不再是空洞乏味的概念、理论，而是极其宝贵的实践经验，以及更深层次的领会与感悟。在沙盘模拟的过程中，学员们能迅速学会财务报表的基础解读，然后根据市场和竞争去制定战略，并实施"研""产""销"一体化运营策略。富有公司经营经验的教练会引导学员，在过程中通过"看盘"分析自身及竞争对手的现金流、业务结构、财务实力、战略有效性等现状，并在每个模拟的财年结束后及时复盘和滚动调整战略。根据众多学员的反馈，这种经营沙盘的价值在于：

1）让参与者充分体会到企业经营的本质——如何在管理好现金流的同时围绕客户创造商业价值。如果没有洞察客户和市场的能力，就无法创造出符合客户和市场需要的产品与服务，在竞争中自然会逐渐丧失竞争力并被淘汰。

2）深度体验换位思考，理解价值链关系，促进业务合作。在沙盘模拟过程中，参与者扮演与实际工作中不一样的岗位角色，从而认识到企业中每个价值链的环节都是互依互存的，每个岗位都有其必然的价值，只有相互协作才能取得最终的胜利。

3）沙盘模拟过程中映射了企业实际经营中存在的问题。参与者会体验到战略目标在团队中缺乏共识所产生的恶果，如研、产、销不平衡而带来的困局，不重视投入产出比而导致的巨大浪费，不会整合资源而带来的自闭落伍，产品结构不合理而导致的竞争力削弱，不重视现金流管理而导致的休克性死亡，盲目扩张而带来的巨大亏损等，进而反思企业存在的真实经营问题，并找到可能的解决办法。

以我们合作过的深圳某智能硬件企业为例，在开展沙盘前，该企业创始人比较苦恼的是整个企业的中高管团队普遍缺乏经营意识，没有人关心企业的真实经营状况，只顾埋头于各自的"一亩三分地"，彼此之间抢夺资源和内卷，导致企业内部出现了很多因为不协作而交付不及时的情况，甚至导致财务状况不断恶化。在开展了经营沙盘模拟（见图5-17）之后，所有的学员都受到震撼，除了学习到关键的经营技能，更重要的是这些管理者终于坐下来，用沙盘的收获来反观企业经营现状，并梳理出了几条非常有效的经营改善措施，包括各部门之间如何通过加强沟通与协作共同承担经营责任等。在沙盘模拟结束后，该企业创始人感慨道："两天的沙盘模拟，远比两年的 MBA 更好用！"

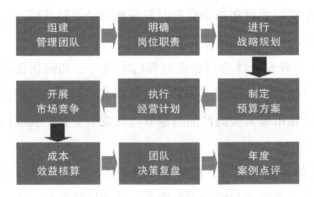

图 5-17　沙盘模拟演练流程

注：伟略达公司 2018—2020 年研究成果。版权所有。

5. 管理模拟舱

管理模拟舱源于国际公认的评鉴中心技术（Assessment Center/ Development Center），其原理是将企业战略中的若干难题通过情境设计与模拟的方式，让战略相关人员提前体验战略执行中的困难，发现能力上的不足与差距，从而更好地提升能力并准备资源应对。以国内某物流快递行业龙头企业为例，在过去几年进行了多次业务转型与升级。在培养战略性关键人才的项目中，该企业与我们团队合作开展管理模拟舱。我们通过设计与实施经营管理模拟舱的方式来测试学员对新业务的反应，让大家明确新业务开展过程中的真正挑战和能力要求。在连续两天的模拟舱学习期间，学员们接到了一个又一个突如其来的挑战任务，全都是关于新业务开展过程中可能遇到的各种实际问题，比如目标客户的重大商业谈判，地方政府部门因为新业务招商引资而引发的领导会面，新业务的团队组建过程中出现的内部矛盾等。就在这一系列"过关打怪"的过程中，结合教练的点评辅导，学员们真切地体验到新业务开展将面对的各种挑战以及应该储备的知识和技能。用一个学员的话来说："出了一身冷汗，既明白了新业务有多难开展，也因为这次提前练兵而感到心里有数了。"

以上仅仅只是对当前正在蓬勃兴起的"体验式"人才发展的若干新方式、新方法的简要介绍。正是通过不断探索、实践这些新方法，企业在人才培养方面增强了趣味性、挑战性，人才培养工作也更高效、更精确，从而能实现更大的投入产出比。

5.4　战略性人才绩效管理与薪酬激励

要解决企业的人才问题，除了"建标准、找差距、求发展"之外，还有一个关键点就是要做好企业的绩效管理与薪酬激励，在企业里营造以结果为导向的组织氛围，让绩效结果作为人才选拔、培养和激励的依据。不过，企业开展绩效管理和薪酬激励的目的不只是单一地解决人才问题。华为早年曾提过"人力资源管理价值链"理论，该理论把人力资源管理的关键活动概括为"价值创造、价值评价、价值分配"三个核心环节。在这个理论框架中，价值创造是价值评价的前提，价值评价则是价值分配的依据，而价值分配又是激发价值创造的动能，三者构成一个完整的价值循环，相互影响、相互促进。其中，价值评价和价值分配分别对应绩效管理和薪酬激励。所以从某种意义上来说，绩效管理与薪酬激励也是企业最基础、最重要的管理活动。

尽管企业管理者都知道绩效管理与薪酬激励是企业最基础、最重要的管理活动，但我们发现，能把这两项工作做好的企业并不多，还是有不少企业的绩效管理只是"走形式"，也有不少企业的薪酬制度缺乏激励性。那么，应该如何完善企业的绩效管理及薪酬激励呢？结合我们从业的经验，建议从以下几个方面入手。

第一，绩效管理与薪酬激励要基于公司战略进行一体化设计。绩效管理与薪酬激励本身是相互影响的，甚至互为因果，并且都服务于公司整体战略。其中，绩效管理是公司战略落地的工具，绩效目标源自公司战略目标的直接或间接分解；而薪酬激励则是战略实施的资源保障，通常是基于业务战略背后的人才策略来匹配相应的薪酬策略，并以此为依据来确定不同员工的薪酬水平、薪酬结构，将薪酬与绩效挂钩等。所以，公司战略是绩效管理和薪酬激励的原点。公司战略与二者的逻辑关系如图 5-18 所示。

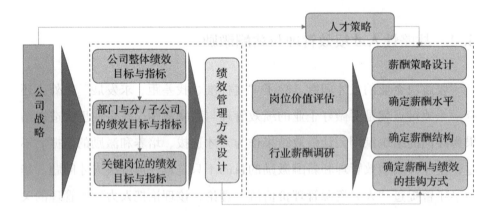

图 5-18 公司战略与绩效管理和薪酬激励的逻辑关系

注：伟略达公司 2018—2020 年研究成果。版权所有。

第二，要选择合适的绩效管理方法和工具并不断完善。近年来绩效管理的工具与方法不断推陈出新，但当前比较主流的绩效管理方法仍为关键绩效指标（KPI）、平衡计分卡（BSC）、目标与关键成果法（OKR）和 360度评估反馈等。不同的绩效管理方法均有其特点及适用对象，对几种常用工具介绍如下。

（1）**关键绩效指标**（Key Performance Indicator，KPI） KPI 是根据二八法则，找到影响绩效的关键成功因素，并从关键成功因素中提炼出相应的关键绩效指标，通常是从"数量、质量、成本、时限"几个维度来加以评价，指标间相互独立，指标较少。KPI 应该是应用最为广泛的绩效管理工具，它既可用于组织绩效，也可用于岗位绩效。

（2）**平衡计分卡**（Balanced Score Card，BSC） 平衡计分卡是 20 世纪 90 年代由哈佛商学院的罗伯特·卡普兰（Robert Kaplan）与复兴集团的大卫·诺顿（David Norton）创立的。它是从财务、客户、内部运营、学习与成长四个维度，将组织的战略落实为可操作的衡量指标和目标值的一种新型绩效管理体系。其特点是指标较多，指标之间相互支撑，强调企业发展各要素之间的平衡。该方法较适合成熟阶段的组织绩效评价，而不适合于个人的绩效评价。

（3）**目标与关键成果法**（Objectives and Key Results，OKR） 目标与关键成果法是一套明确和跟踪目标及其完成情况的管理工具和方法，由英特尔公司创始人安迪·格鲁夫（Andy Grove）发明，并由约翰·多尔（John Doerr）引入谷歌使用。1999 年，OKR 在谷歌发扬光大，在Facebook、Linked In 等企业得到广泛使用，传入我国后也拥有了以字节跳动为代表的一批科创企业拥趸。OKR 的特点为目标与关键成果之间的逻辑清晰明了，在进行目标设定时鼓励挑战，强调工作中的信息拉通与定期复盘。OKR 较适用于衡量目标不易量化的组织或岗位绩效，如快速成长的科创企业或企业中的研发类岗位。

（4）**360 度评估反馈**（360° Feedback）　360 度评估反馈又称"360 度考核法"或"全方位考核法"，是指由员工自己、上司、直接部属、同仁同事甚至顾客等，从全方位、各个角度来评估人员的方法。评估的内容可以包括各项能力素质、工作表现、价值观等。它采用背靠背打分的方式，结合考核对象在工作中展现的行为，进行针对性评估。该方法较适合用于对干部或员工的个人绩效评估。

上述方法可以单独应用也可以综合应用。比如，大型企业可以针对组织绩效采用 BSC，而针对岗位绩效就采用 KPI 或 OKR，或者针对业务一线部门采用 KPI，而针对后台职能部门则采用 OKR。

第三，设定合理的绩效指标与目标。绩效管理对公司战略的支撑是通过绩效指标和目标来实现的。所以，不管是哪种绩效管理工具，最终都要落到具体的绩效指标和目标上。绩效指标代表希望牵引的方向，而目标值代表期望达成的程度。绩效指标和目标设定通常有一部分来自战略目标向下的直接或间接分解。其中，所谓直接分解，是指公司目标自上而下的物理分解。比如，公司年度销售收入要完成 20 亿元，其中某事业部承接 8 亿元，该事业部的某大区总监承接 1 亿元，大区下辖的某片区承担 2000 万元。而所谓间接分解，则是指通过找到影响绩效指标的各项子要素再提炼关键指标。譬如，要实现公司的利润指标，可以通过分析影响公司利润的几个关键因素，包括"采购成本""管理费用""市场费用"和"生产成本"，对应提炼出"单位采购成本下降率""管理费用率""销售费用占比"和"单位生产成本"等指标。绩效指标除通过战略目标直接或间接分解得到外，还有一部分则源自所在部门和岗位职责的提炼。譬如，人力资源部门通常有"招聘到岗及时率""培训计划达成率"等指标；计划部门通常有"存货周转率""产销比"等指标；而生产部门要承担"生产计划达成率""产品合格率"等指标。这些公司级绩效指标、中心或部门级绩效指标以及岗位绩效指标共同构成了公司自上而下层层传递、相互之间关联支持的绩效指标体系，如图 5-19 所示。

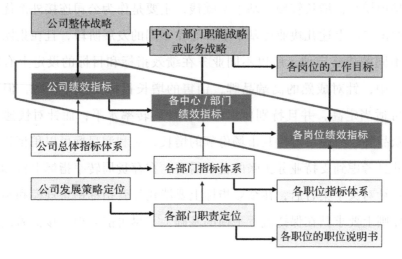

图 5-19 企业绩效指标体系

一般企业的绩效指标提炼并不复杂，但对于同时运营多个业务的企业，在设定绩效指标时，还需考虑不同业务单元所处的发展阶段及特点。譬如，成熟业务要重点看利润、看规模，新业务要看市场份额及成长性，衰退业务则看现金回笼。绩效指标和目标的设置要体现企业对各业务所处的阶段及其在整个企业业务组合中的差异化定位。图 5-20 为某大型集团化企业对四类不同业务的绩效考核要点，可以从中看出不同业务单元的经营策略及其在绩效管理上的差异性。

这里列举一个我们曾合作过的某大型服饰企业的绩效考核案例。该大型服饰企业旗下有多个品牌。其中，有处于成熟阶段的高端品牌，主要面向一二线城市的高端时尚女性，业务特点是产品毛利高，市场竞争格局相对稳定，市场规模的成长性一般，是公司的基本盘业务；也有培育不久的快时尚品牌，该业务的特点是目标客群受众广，基本上可以覆盖从一线都市到五线县城，但行业竞争激烈，毛利率稍低，市场规模巨大，成长性较好，希望成为公司未来的业务增长点；还有一块业务是买手集合店，其特点是规模小，增长较慢，基本不赚钱，主要是作为公司连接外部优秀设计师的窗口。上述几块业务基本上都处在不同的发展阶段，且在集团业务中有不同的战略定位，所以不同业务在绩效指标和目标的设定上有所差异。其中，针对成熟的高端品牌，销售的增长目标要保守一些，但利润目标可适当定高，并且特别要求控制存货周转率水平；而针对快速发展的大众品牌，则应更看重其市场份额的增长，对利润目标可以稍稍放低标准，并且考虑到支持业务扩张的备货需要，在存货周转率指标上目标可以稍低；针对买手集合店，在绩效指标上要淡化经营指标销售规模和利润贡献，原则上要求其在保持盈亏平衡的基础上，尽可能多地连接优秀设计师资源。

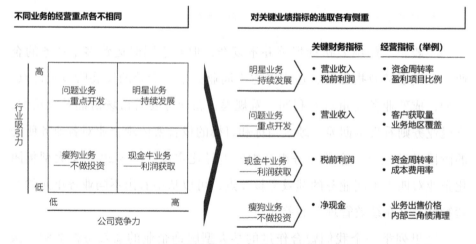

图 5-20　差异化战略定位下的绩效指标选取

绩效指标是绩效管理成败的关键点之一。那么，如何来判断绩效指标是否高质量呢？除前文提及的要承接战略以及体现不同业务的差异性之外，还可以看看这些绩效指标是否符合 SMART 原则：①目标必须是具体的（Specific）。绩效指标和目标制定时必须传递的是具体、清晰的绩效要求，一般来说绩效指标的设计要"少而精"、抓重点，不要"眉毛胡子一把抓"，要让被考核者一眼就清楚公司的要求。②目标必须是可衡量的（Measurable）。关于可衡量可从两个维度来思考：一方面，绩效指标要能用量化或非量化的手段来衡量；另一方面，还要考虑衡量该指标在企业内部的可行性和必要性。譬如有的零售企业提出"提升市占比"的绩效指标，这就是一个看上去可衡量但实际操作上有难度的指标。③目标必须是可以达到的（Attainable）。我们经常说绩效目标设定要合理，就是指目标是员工通过努力可达到的。目标定得太高会导致员工缺乏信心而干脆放弃，目标太低则失去牵引的价值。所以，设定绩效目标时，可以在承接战略目标分解的前提下，参考企业历史同期值以及行业标杆企业的水平情况。④目标必须具有相关性（Relevant）。这是指绩效指标一定是与相关部门或岗位职责高度相关的，或者说相关部门或岗位对该指标的达成能产生直接影响、对绩效结果是可控的。⑤目标必须具有明确的截止期限（Time-based）。这是指所有绩效考核都是有明确周期的，如月度、季度、半年度或年度。如果是项目，可以制定明确相应的里程碑。

　　第四，加强绩效全过程管理。绩效管理之所以容易流于形式，除了绩效指标和目标本身设定不合理外，许多企业都是将绩效管理等同于绩效考核，而忽视了绩效的全过程管理。有效的绩效管理应遵循"绩效计划"——"绩效辅导"——"绩效考核"——"绩效反馈"的 PDCA 循环，如图 5-21 所示。

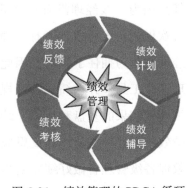

图 5-21　绩效管理的 PDCA 循环

　　绩效管理的这四个环节都非常重要。其中，绩效计划环节的关键是将组织目标分解为部门及员工个人的绩效指标与目标，并在上下级之间达成共识；绩效辅导环节的重点是要求管理者根据下属的个人特点来提供针对性的业务指导或帮助协调资源，让下属少走弯路；绩效考核环节的关键是如实提供绩效数据，检视目标的达成情况，做出客观评价，并按强制分布的要求形成绩效结果等级；绩效反馈环节的关键则是分析绩效结果好坏的背后原因，总结经验与教训，并提出改进措施。

绩效管理的过程中应注意几个要点：①绩效目标的互锁。前面讲到绩效指标和目标都是源自战略目标的分解和部门或岗位的职责提炼。可以看出，大部分情况下公司的整体目标是无法靠一两个部门或关键岗位支撑的，尤其是公司综合经营类绩效指标的达成，基本都涉及业务上下游部门的衔接。所以，在进行绩效指标和目标的设定时，要确保跨部门或岗位间业绩指标和目标的锁定，以确保其共同支撑公司整体目标的达成。譬如，有些企业针对新品销售目标达成率指标，同时让销售部门和产品研发部门共同承接。②绩效的周期设置。通常来讲，绩效的周期要根据岗位特点来设置。如中高层管理岗位建议季度或半年度，基层岗位可以考虑月度或季度，如果是项目型组织，除常规的周期考核外，还要结合项目的里程碑来设置。③要持续给一线经理赋能。事实上，很多企业的绩效管理出问题，都是因为一线经理没有正确的绩效管理理念，不愿意直面团队中的问题，喜欢做老好人所致。还有一种情况就是绩效管理方案政策僵化，导致一线经理被认为捆住了手脚。因此，绩效管理的过程中，要帮助其用好绩效管理这个工具，并在绩效管理规则制度设计时给予适当的管理灰度。④要重视绩效结果的复盘和反馈。绩效管理工作不能只是事后评价，因此，针对绩效结果好坏的总结和反思应该是绩效管理中的关键一环。人力资源部要敦促各级管理者做好绩效复盘与绩效反馈工作，尤其是针对绩效排名靠后的员工，人力资源部门还应一起参与绩效反馈。关于如何做好绩效反馈，推荐借鉴成熟的 GROW 反馈模型，见表 5-3。

表 5-3　GROW 反馈模型

GROW 模型	问题示例
设定目标（Goal）	■ 针对今天的绩效沟通辅导，你希望达到什么样的目的？ ■ 我希望与你重点沟通的是×××，除此之外，你还有哪些其他的目的？今天为什么会想要谈这些问题？
了解现状（Reality）	■ 你如何评价过去这一阶段自己的工作？ ■ 如果给自己打分的话，你会怎么打？为什么会有这样的打分？ ■ 你感觉具体哪些方面做得不错？ ■ 有哪些问题/差距？这些问题是如何产生的？它们对你的工作有什么样的影响？
讨论方案（Option）	■ 在接下来的工作中，如果需要继续保持这些优点，你打算如何做？ ■ 针对那些绩效上的差距，你有什么好的方法？执行这些想法可能会遇到什么挑战？如何克服这些问题？
确定意愿（Will）	■ 你具体会采取什么样的行动计划？什么时候开始？需要什么帮助？

第五，强化绩效结果与薪酬激励的连接，适当拉开差距。绩效管理能否达到目的，很大程度上取决于企业如何应用绩效评估的结果。企业越重视对绩效结果的应用，越能牵引员工重视绩效管理，也越有利于在组织内形成绩效导向的文化氛围。绩效结果应用一般有如下典型场景：①绩效奖金，包括月度绩效奖、季度奖、年终奖等；②与特定项目或工作任务挂钩的项目奖和单项奖，这严格来说也是一种绩效奖金；③作为员工年度调薪和员工年底评优的条件；④用于员工的转岗和淘汰；⑤作为骨干员工股权激励或超额利润分享的授予或兑现条件。

绩效结果如何与薪酬激励挂钩，是绩效管理中除绩效指标设计外的另一项重点。它包括绩效挂钩比例设计以及如何挂钩两个关键。其中，挂钩比例是指员工目标年薪中与绩效结果挂钩部分的占比，即薪酬设计中的"固浮比"。固浮比设计通常遵循两个原则：①任职岗位级别越高，因其个人绩效对企业整体绩效的影响越大，所以其绩效挂钩部分占比也越大；反之，挂钩部分占比越小。②越靠前台的业务岗位，因其个人业绩与企业整体业绩之间的关系越显性，且工作业绩越易量化，所以与绩效挂钩部分的占比越大；越靠后台的职能岗位，因其工作业绩不太显性，且工作业绩也不易量化，所以浮动部分占比越小。某企业不同岗位薪酬固浮比设计示例见表 5-4。

表 5-4 某企业不同岗位薪酬固浮比设计示例

岗位类别	职能管理序列	研发序列	供应链序列	业务序列	
				新业务	成熟业务
公司高管	—	—	50：50	—	—
总监级	60：40	60：40	60：40	50：50	40：60
经理级	70：30	70：30	70：30	60：40	40：60
主管级	70：30	80：20	70：30	60：40	40：60
普通员工	80：20	80：20	80：20	60：40	40：60

注：伟略达公司 2018—2020 年研究成果。版权所有。

激励与绩效挂钩设计的另一个关键点是如何挂钩。具体来说包括如下一些设计细节：①挂钩对象。是挂钩个人绩效、部门绩效，还是整个公司的绩效？一般来讲，针对前台业务岗的普通员工直接挂钩其个人绩效即可；如果是业务团队管理者则直接挂钩其团队绩效；而中后台的职能岗位则建议挂钩个人绩效的同时，还要挂钩所在部门绩效或公司整体绩效。②挂钩指标。一般情况下，员工个人绩效默认是年度个人的绩效系数；针对组织绩效则建议简单直接一些，可以只挂钩 2～3 个关键经营指标，如销售收入、净利润或再加上 1 个其他关键的经营指标，如快销企业的指标可用销售收入、净利润、存货周转率，工程企业可以是实际工程回款、净利润、在手项目合同金额等。如果是超额利润奖，甚至可以只挂钩"净利润目标值"这个单一指标。此外，绩效奖金提取方式是按同比例提取还是按梯度提取，奖金总额是设定封顶还是上不封顶……这些都是在奖金设计时要考虑的细节问题。

接下来介绍一家企业的真实案例。该企业是一家海外上市的互联网科技企业，创始人是互联网大厂背景，创业初期带了不少原互联网大厂的伙伴，所以公司早年的薪酬方案也基本上沿用了大厂"基本薪 + 年终奖"的薪酬模式。后来随着公司成功上市，中高层管理干部和骨干员工还多了一份股权激励，公司的薪酬水平颇具竞争力。该薪酬方案早期被员工高度认可，但随着近些年不断发展新业务，公司陆续引进了一些背景不同但都履历优秀的高管，关于绩效管理与薪酬激励的问题就凸显出来，甚至有人明确向老板提意见认为不公平。为什么这些人会有意见呢？随着我们对企业的了解深入，发现该公司在考核和激励上存在几个较为明显的问题：第一，公司底层的分配理念有问题，薪酬分配由岗位职级主导，而并非是对价值贡献的衡量。由于过去几年公司员工的基本月薪和绩效奖金基数都是按职位层级来设定标准的，不区分盈利业务还是亏损业务，也不区分中后台的职能岗位还是前台一线的业务岗位，大家都是一个体系、一套标准。虽然也会与年底的个人绩效考核系数挂钩，但基本上同级岗位间的差距都不大，甚至被内部员工抨击为"大锅饭"。第二，公司的绩效考核机制不太健全。由于公司前几年业绩比较好，所以制定目标时比较乐观，也导致了期望目标与现实结果之间的差距较大，尤其是对于成熟产品，目标普遍定得偏高，导致"鞭打快牛"，而绩效考核结果也无法真正反映出各业务单元的价值贡献。第三，创始人正是看到了公司在绩效评价和薪酬分配上存在问题，所以每到年底就又想抛开制度对奖金分配做一些平衡，结果又进一步导致员工认为公司的奖金分配机制不透明，甚至有些高管认为公司在奖金分配上存在"暗箱操作"——发多少年终奖全看老板心情。针对上述问题，我们向企业提了几点建议：

1）重塑薪酬分配理念，打破过去只看岗位、资历的薪酬分配理念，转为"既看岗位，也看资历，更看价值创造"。

2）重点优化现金激励，将原来绩效奖金与公司整体业绩挂钩调整为与各业务单元的价值贡献挂钩，根据各自在编员工做出独立预算，分别设立用于基本保障的"固定薪酬包"、用于与年度综合目标达标值挂钩的年度"绩效奖金包"、与年度挑战目标值挂钩的"超额奖金包"等。三类奖金包的设置，如图 5-22 所示。

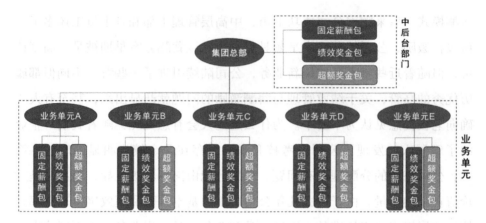

图 5-22　三类奖金包的设置

3）完善公司总部以及各业务单元的绩效考核指标。分别针对成熟业务和孵化中的新业务，根据其特点设定差异化的绩效指标与目标：成熟的业务看营业规模、看利润；新业务看成长性、看份额、看成交金额（GMV）。明确各业务单元绩效奖金与综合绩效目标之间的连接关系，强调绩效越好奖金包提取基数越大，绩效越差则奖金包提取基数越小，当低于一定标准后则年终奖金为零。集团员工除基本薪酬统一标准外，奖金分别绑定各自业务单元的业绩贡献，不吃"大锅饭"。某业务单元的年终奖金与年度业绩的关联见表 5-5。

表 5-5　某业务单元的年终奖金与年度业绩的关联

岗位级别	$x<80\%$	$80\% \leqslant x<95\%$	$95\% \leqslant x<105\%$	$105\% \leqslant x<115\%$	$115\% \leqslant x<N$
高管（业务）	0	2	4	6	8
高管（职能）	0	2	3	4	5
总监（业务）	0	2	3	4	5
总监（职能）	0	1	2	3	4
经理（业务）	0	1	2	2	3
经理（职能）	0	1	2	1.5	2
……	……	……	……	……	……

4）确定绩效奖金总额后，再根据员工所处的岗位价值、岗位类型（区分前台岗位和中后台岗位）和个人年度绩效系数来设计分配方案，让员工的年终奖金真正与其所在业务单元的业绩以及个人的年度绩效深度绑定，真正体现基于价值的分配。

正是通过从分配理念到激励和评价机制的优化，公司的薪酬激励效果明显改善。

由此可见，绩效奖金的设计非常重要，但要体系化解决的薪酬激励问题不仅仅是奖金，还应该包括薪酬水平、薪酬结构与项目设计。特别要指出的是，越想要吸引高端人才，就越要求企业在激励方法上要多元化、要更具力度。这些年越来越多的企业开始推出更具吸引力的"长期激励计划"和"事业合伙人计划"。比如，高科技企业华为早在 20 世纪 90 年代就推出了"全员持股计划"。地产头部企业万科和碧桂园针对不同层级的员工推出了"事业合伙人计划"和"项目跟投计划"等。这些中长期激励计划都很好地帮助企业吸引和保留了一批批优秀人才，帮助企业赢得了人才优势，而这些企业也正是依托其人才优势，进而在业务上取得了不断的突破与成功。

绩效管理与薪酬激励是企业最为基础的管理机制，既与企业的宏观战略相关，又涉及实施中对人性的考量。所以这不是一件简单的事，甚至被列为企业管理的"世界性难题"。但只要能真正抓住企业战略分解到具体关键岗位和人才的要点，把绩效与激励当作"战略在人身上变现"的关键，坚持在过程中不断完善和迭代，绩效管理与薪酬激励就一定会带来驱动战略有效执行的回报。

第6章

企业文化如何根据战略进行更新

6.1　文化的力量

任何一家伟大的公司都有着深厚的文化底蕴。无论是国内的华为、阿里巴巴、海底捞，还是国外的谷歌、亚马逊、奈飞，这些知名企业创造商业奇迹的背后有一个共性——它们都有着自己深厚、独特的文化基因。这些文化基因在企业成长和发展的过程中扮演了非常重要的角色。

企业文化的作用不言而喻，它就像企业的底层操作系统，在无形中影响着员工的思维模式和行为习惯。文化让有着不同背景的员工产生同频共振，塑造集体人格，从而产生强大的力量。如华为的价值观是"以客户为中心，以奋斗者为本，长期艰苦奋斗，坚持自我批判"（来自《华为投资控股有限公司 2021 年年度报告》），这四大价值观是华为成功的重要基因，同时这四大价值观塑造了华为的集体人格、为客户成功而战的精神。OPPO、VIVO、步步高教育电子（小天才儿童手表是旗下产品）均源自段永平创办的广东步步高电子工业有限公司。虽然如今段永平已经不再参与具体企业经营，而是转型为投资人，但这三家公司依然发展得很好，都成长为行业的头部企业。它们有一个共同的特点就是都坚守"本分"的价值观和经营哲学。这既是过往步步高电子成功经验的总结，也是支撑这三家企业不断发展壮大的关键因素之一。可以说，企业文化是一家企业身上流淌的"血液"，不仅影响员工的士气和精神，更影响着一家企业能走多远。

企业文化一旦形成可感知的浓度，将产生强大的作用，如图 6-1 所示。

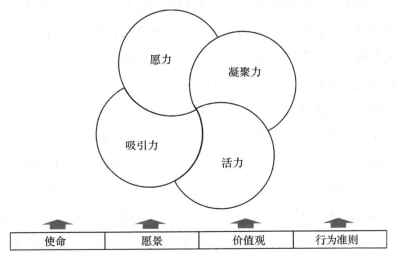

图 6-1　文化的"四力"作用

注：伟略达公司 2018—2020 年研究成果。版权所有。

（1）**愿力**　企业文化描绘企业对未来的美好想象。一家践行和坚守使命、愿景的公司，会给予人内心力量，感召众人一起为达成企业使命、愿景而努力。华大基因的企业愿景是"基因科技造福人类"。疫情期间，我们团队曾为华大基因提供战略咨询服务，参与了华大基因的某次战略会议，了解到疫情时刻，一批批华大基因员工在企业愿景的感召下，舍生忘死冲在检疫的一线。这让人深深感受到，"基因科技造福人类"不是一句口号，而是具有强大驱动力的企业文化，大家都在真心地践行着。

（2）**凝聚力** 正所谓"惺惺相惜"，人们会因为彼此有着共同的价值认同或相同的标签，从而相互拥有更强的身份认同感，并为身为其中一员而感到自豪。阿里巴巴把员工身上具有的共同价值观和文化调性叫"阿里味"；在字节跳动，企业价值观被称为"字节范"，作为一种身份的象征和彼此的认同。这种企业文化带来的团队凝聚力，能有利地留住人才，降低人才流失率。

（3）**活力** 企业文化是团队的催化剂，能点燃和激活团队，提升团队精神。一方面，好的企业文化牵引能让团队更具活力和创新精神，敢于面向未来的挑战，拥抱变化；另一方面，企业文化作为共同的约定和要求，可以大大降低团队摩擦和沟通成本。字节跳动拥有十几万名员工，对内倡导开放多元、年轻敢为、追求极致的企业价值观，从而帮助企业更好地保持年轻和活力，能够高效运作。

（4）**吸引力** 企业文化做得好，对外也会加持雇主品牌，成为雇主品牌重要的组成部分，甚至成为企业的"招牌"，吸引志同道合的人。在手机行业中一加科技（One Plus）在规模上不算"第一梯队"，但它"不将就"的价值观和精神，对很多人才很有吸引力。同时，一加科技在"硝烟弥漫"的手机行业中，坚持不在公众媒体上抨击竞争对手，踏踏实实做好产品的"本分"价值观，得到了很多人的认同。

优秀的企业文化能发挥以上"四力"的作用，产生强大的文化力量。反观，如果没有发挥以上作用，就到了需要对企业文化进行升级的时候了。

6.2 企业文化的提炼

提炼企业文化，首先要回答什么是企业文化，即提炼的对象是什么。深受儒家思想影响的东方文化擅长透过现象直击本质，俗话所说的"半部

《论语》治天下"，正是赞扬东方文化的博大精深。尽管中国企业在总结企业文化上具有"民族基因"层面的优势，但在现代企业管理中，关于企业文化方面的理论大多来自西方。中国企业从总体上来说，并不擅长提炼和发挥企业文化优势。一个重要的原因是中国传统文化富含"写意"特征，相对含蓄，因此中国企业喜欢通过"只可意会不可言传"的方式来表达企业文化。这造成提炼企业文化的时候，容易陷入空洞、务虚。

因此，本节首先强调企业文化是企业在长期经营活动中形成的，员工集体认同的共同理想、价值观、信念和行为方式的总称。换言之，如果把企业比喻为一个活生生的人，那企业文化就是这个人的性格、喜好，以及这个人的人生追求和坚持。

在明确概念的基础上，我们认为企业文化的本质是员工和管理者在这个组织中的行为方式或行为偏好。它既存在有利于组织利益和发展的方面，也有不利于组织利益和发展的内容。而企业文化的提炼就是要找出那些有利于组织利益和发展的行为偏好，加以整理归纳，从而形成一家企业的企业文化体系。

企业中之所以存在不利于组织利益和发展的行为偏好，是因为组织中的员工有不同的文化背景和教育经历，每位员工在进入企业的时候，都带有自己在过往经历中养成的行为方式和习惯。如果一名员工没有被组织要求的行为方式影响，那他就会沿袭过去的行为方式和习惯，由此就可能形成组织中消极的行为偏好。这也侧面提醒每家企业都应当关注自身的企业文化建设。

1. 企业文化体系

企业文化体系如图 6-2 所示，包括企业的使命（企业为何存在）、企业的愿景（企业会发展成何样）和企业的价值观（企业遵循何种行为准则和标准）三大部分。

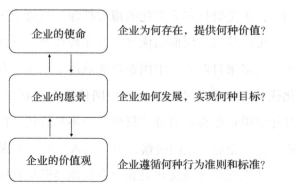

图 6-2　企业文化体系

（1）**企业的使命**　使命描述的是企业存在的目的和意义，以及企业应承担的责任和义务。使命更多是从利他的角度思考，企业为社会、客户或用户提供什么价值。例如，阿里巴巴的使命是"让天下没有难做的生意"（来自阿里巴巴官网），OPPO 的使命是"科技为人，以善天下"（来自OPPO 官网），都是向客户或用户传递自己的价值。企业使命往往会在企业生死攸关、面临重大抉择时发生作用。使命应体现企业的核心业务，并且能从主流价值观的角度体现企业的社会价值。

（2）**企业的愿景**　有了使命之后，对企业全体员工而言，最关心的就是企业会发展成什么样，对员工有什么好处。因此，管理者要思考企业在未来要达成的长远目标是什么，这就是企业愿景。愿景是企业为自己描绘的蓝图，是组织对未来的远期追求。愿景应具有激励性，能够让员工和合作伙伴明确企业的发展方向；同时具有可操作性和可实现性，让员工感觉有实现的希望。很多企业在描绘愿景时，常常与战略目标混淆，容易陷入对财务目标的过分执着。因此，与使命类似，愿景的描述也应当紧扣主流价值观，通过使他人产生情感共鸣的方式激发员工。例如，阿里巴巴的愿景是"追求成为一家活 102 年的好公司。我们的愿景是让客户相会、工作和生活在阿里巴巴。到 2036 年，服务全世界 20 亿消费者，帮助 1000 万中小企业盈利以及创造 1 亿就业机会"（来自阿里巴巴官网）。OPPO 的愿景是"成为更健康、更长久的企业"（来自 OPPO 官网）。

（3）**企业的价值观**　企业价值观是对达成愿景、完成使命的行动准则的界定，是对全体员工行为的"约法三章"。例如，OPPO 的价值观是"本分、用户导向、追求极致、结果导向"（来自 OPPO 官网）。需要注意的是企业价值观与企业管理制度的关系。它们之间的关系类似于道德与法律的关系：道德是法律的基础，而法律是道德的保障。换言之，企业价值观是构建企业管理制度的基础，同时，企业的管理制度确保遵循企业价值观的员工在企业健康发展。常见的情况是，在市场快速变化的过程当中，企业可能存在制度建设的不足，难以指导员工的具体行为，但企业的价值观会提供判断依据。企业文化体系示例见表 6-1。

表 6-1　阿里巴巴的企业文化体系

企业文化	具体内容
企业的使命	让天下没有难做的生意
企业的愿景	追求成为一家活 102 年的好公司。我们的愿景是让客户相会、工作和生活在阿里巴巴。到 2036 年，服务全世界 20 亿消费者，帮助 1000 万中小企业盈利以及创造 1 亿就业机会
企业的价值观	● 客户第一，员工第二，股东第三 ● 因为信任，所以简单 ● 唯一不变的是变化 ● 今天最好的表现是明天最低的要求 ● 此时此刻，非我莫属 ● 认真生活，快乐工作

资料来源：阿里巴巴官网，https://www.alibabagroup.com/about-alibaba#culture-and-values。

综上所述，完整的企业文化体系涵盖企业的使命、愿景和价值观三大部分。

2. 优秀企业文化的特征

优秀的企业文化往往具有哪些特征呢？

（1）**结合行业特征**　不同行业，企业竞争制胜的武器不同，因此文化导向也必然不同。区分行业特征的关键在于，企业提供的产品或服务面向何种客户。通常面向企业客户的行业，企业文化特征相对共性明显，往往强调紧密围绕客户，提供专业和可信赖的产品或服务，这些行业的企业文化往往呈现出专业、冷静、经验丰富的行业精英特征。面向消费者用户的行业，企业文化特征则复杂很多。其本质是以产品或服务的某个独特切入点，在满足消费者诉求的同时，传递企业自身的价值主张，这些价值主张也往往是满足消费者对美好生活向往的。例如，阿里巴巴的使命"让天下没有难做的生意"，以及万科经典标语"让建筑赞美生命"。

（2）**结合企业自身**　每家企业的历史背景、发展阶段不尽相同，但优秀的企业文化往往遵循以下几个原则：①以生产经营为中心。企业文化倡导的每一项行为都致力于企业战略的达成，以及员工能够通过企业文化明确知晓，自己在面临判断和决策时应选择何种方向。②兼顾历史与未来。优秀的企业文化具备穿透时间长河的能力，它不仅能回答我们为何走到今天，更能告知我们如何走向未来。例如，华为始终强调"以客户为中心，以奋斗者为本，长期艰苦奋斗，坚持自我批判"。这句看似带有鲜明时代特色的话语贯穿了华为的整个发展历程。③兼顾企业与员工共同发展。同样以华为的文化举例，我们发现"以奋斗者为本"回答的就是如何兼顾员工共同发展。这一点在优秀企业当中最显著的特征就是企业家的"知行合一"。

（3）**结合企业家自身特点**　一家企业的价值理念往往是由企业创始人或其继承者率先倡导和推广的。因此，优秀的企业文化必定结合了企业家的自身特点。这种个性化的结合帮助企业实现"物以类聚、人以群分"。在国内的咨询案例中，我们总结发现，一般出生于20世纪60年代以前的企业家，企业文化的特征通常具备鲜明的革命浪漫主义情怀；而80年代以后出生的企业家，更加强调开放和全球化视野。

鲜明独特的企业文化往往反映了企业的一种差别化战略，是企业核心竞争力的重要组成部分。企业强调哪一方面的价值理念，往往可能造就企业在哪一方面的竞争优势，而且这种竞争优势一旦形成，是不易模仿、不可轻易照搬的。

3. 企业文化提炼的常见误区

企业在企业文化提炼过程中常常存在一些误区。以下总结了几种常见的误区。

（1）**盲目学习，拿来即用** 有些企业不结合自身实际情况，包括行业特性、企业战略、发展阶段、团队特色等，盲目学习其他企业的文化，甚至是生搬硬套，这就可能产生"东施效颦"的效果。比如，不少企业学习华为的企业文化，但真正落地并产生效果的寥寥无几。企业文化就像人的血型，讲究适配，只有与企业自身战略和业务深度融合的企业文化，才能得到员工更深层次的理解和认同。企业如果不结合自身实际，拿来即用，轻则会流于形式，难以产生"化学反应"，导致员工无感，无法起到应有的效果；重则会引起员工的反感和抵触，适得其反。因此，企业文化最重要的是合适性，"甲之蜜糖，乙之砒霜"，需要一切从实际出发，选择性地学习和借鉴。

（2）**缺乏行为指引，变成空洞口号** 前文提到，我国传统文化擅长写意，正如有些企业文化只是提供一个方向或概念，让员工自行体会。但企业文化，尤其是价值观，如果没有详细的内涵和行为指引，就会变成一句口号。我们常常看到很多企业墙上都挂着诸如"创新""诚信""卓越"等价值观词条，这些词条本身没有问题，但是如果没有企业独特的内涵和行为指引，企业价值观就只是墙上的口号，而不能被员工清晰有效地践行和落实。OPPO 有一条价值观叫"本分"，这是一个极具中国特色的词语，甚至很难找到一个特别合适的英文翻译，所以被直接译为"BenFen"。OPPO 是一家全球化公司，有很多海外员工，但海外员工相对难以理解"本分"一词。所以，价值观配套制定了清晰的行为指引，对于该做什么、不该做什么都做了说明，同时配备经典的案例，帮助员工更好地理解并落实。企业文化重在落地，只有清晰、明确的行为指引，才能使员工更好地理解和践行。

（3）**缺乏共识** 企业文化往往带有很深的企业创始人烙印。企业的灵魂人物会深刻影响企业文化，但企业文化不完全等同于"老板文化"。有些企业的文化体系完全是企业创始人拍板的，然后强行宣导、应用。企业文化若想得到企业上下更多人的理解和认同，可以让更多管理者和员工共同参与文化的研讨和共创。尤其是在企业文化转型升级时，企业文化的变化需要得到管理者和员工更好的理解和认同，否则容易导致企业倡导的和员工想要的不一致。

2013 年，OPPO 从功能手机制造商向移动智能终端制造商和移动互联网公司转型过程中，因为行业的急剧变化，对企业和人才的要求也发生了重大变化，企业文化也需要刷新、升级。当时 OPPO 发起了企业文化大讨论，广泛举办企业文化研讨会和听证会，在内部线上论坛开辟专栏发起讨论，广泛收集员工的声音和故事。通过这种文化共创的方式，不断听取员工声音，经过多轮打磨，最终形成了文化共识。这样产生的企业文化体系，会让员工有更深的参与感和认同度。

4. 企业文化的提炼过程

了解掌握了上述优秀企业文化的特征以及企业文化提炼的常见误区后，就可以开始提炼和总结企业自身的文化体系了。企业需要通过现状调研和诊断分析提炼出企业过去取得成功的文化特征，再结合企业管理者期望，以及行业标杆的借鉴分享，明确企业自身的文化理念关键词。在这里重点分享企业价值观的提炼过程。

（1）**创始团队调研** 创始团队具备的行为特点是现状调研诊断中最关键的内容之一，而且对创始团队的研究要从历史出发。企业在发展过程中，一定会沉淀一些支撑员工思想的理念和价值观。这些内容贯穿了企业的发展过程，隐藏在一系列的关键事件之中，找出这些理念和价值观，我们通常用以下步骤实现。

首先，找出 10 位从企业创立至今全程参与的员工，让他们每个人讲述三件事：

1）在过去的发展历程中，你认为对企业发展最重要的一件事。

2）你最难忘的一件事。

3）你最感动的一件事。

其次，让他们每个人再讲述三个人：

1）你认为对企业贡献最多的三个人。

2）这三个人最宝贵的行为特征。

3）你从他们身上受到的最大启发。

通过"三件事、三个人"的方式，记录并整理好这些对企业发展产生影响的重要故事和行为特征。

最后，找到 10 位新加入企业的员工，最好是没有工作经验的年轻人，把整理好的故事讲给他们听。然后询问他们：

1）你听过这个故事吗？

2）听完之后，你最深的感受是什么？

3）哪个情节最打动你，让你难忘？

根据他们的回答，整理并记录其中的关键词。

通过上面两个步骤的整理，就能得到企业创始团队所具备的，并且能够在企业内被广泛认知和认同的企业价值观关键词。

（2）**员工调研**　员工调研一般通过员工访谈和问卷调研两种方式获取关键信息。员工访谈可以采取一对一访谈或者员工座谈会的形式，问题可以参考创始团队成员访谈时使用的"三件事"。稍有不同的是，员工访谈一般晚于对创始团队的访谈。因此，员工访谈获得的重要故事，可以参考创始团队调研总结得出的关键词进行归纳与提炼。

问卷调研是员工调研阶段的重要步骤之一，通过大样本、大范围的定量问卷，可以快速提供企业价值观提炼的重要信息。问卷的内容从两个方面入手，一是员工对现有企业文化的认知感受是什么。现有企业文化来源于企业已有文化内容，也可以来源于前一阶段面向创始团队调研获得的归纳输入。二是员工对企业组织氛围的感受和期望是什么。这里所说的氛围是以生产经营为中心、以实现战略目标为目的的，切忌陷入员工对福利待遇等的期待中。

（3）**文化共创**　共创是文化提炼的重要一步，也是关乎企业文化能否在组织中生根发芽的重要步骤。对企业管理者而言，自身是企业文化的布道者，如果没有深入参与到文化的建设讨论中，最终对文化的理解将仅停留在标语口号上。因此，文化共创非常重要，通常用以下步骤实现。

首先，分享前期企业文化调研成果，设置讨论问题，引起管理者的共鸣。通过企业自身已有的文化要素和关键词，将管理者带入对现状的准确理解中。

其次，结合企业创始人的期望，分享来自行业的优秀实践和标杆案例，让管理者认识到差距和不足。这种通过"AS-IS"（现状分析）和"TO-BE"（未来期望）对比分析寻找差距的方式，是咨询工作中经典的分析手段，可以帮助管理者快速找出文化提炼需要解决的问题。

最后，总结提炼在"AS-IS"和"TO-BE"中使用率最高的关键词，这些词语经过加工，就是企业文化的核心理念。

6.3　企业文化建设

企业文化建设是一个需要持续耕耘和沉淀的体系化过程。文化建设不能"眉毛胡子一把抓"，需要抓住其中的关键，找准企业文化建设抓手，才会起到更好的效果。以下是企业文化建设中的三个关键。

1. 抓关键人群

企业文化建设中主要涉及三大关键人群。

（1）**管理者**　如图 6-3 所示，管理者在企业文化落地的过程中扮演着非常关键的角色。作为团队的带头人，管理者的一言一行，倡导什么、鼓励什么，都直接影响团队成员的价值观和行为。管理者作为团队的"火车头"，只有正确理解和践行企业价值观，才能保证团队的方向不会跑偏，否则"上梁不正下梁歪"。同时，管理者是价值观的传播者和布道者，需要不断在合适的场合宣导价值观。管理者还是价值观的守护者和纠偏者，一旦发现员工有悖价值观的行为，需要及时制止和反馈。所以，抓住管理者，就是抓住了企业文化建设的核心。因此，相对普通员工而言，企业对管理者的文化宣导需要投入更多精力。先让管理者重视企业文化，理解透彻企业文化，并且对自己在企业文化建设中的角色有清楚的认知。只有这样，文化才能更好地传播和落地。

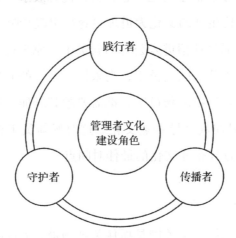

图 6-3　管理者文化建设角色

注：伟略达公司 2018—2020 年研究成果。版权所有。

其中，企业创始人或 CEO 又是管理者中的关键。企业创始人或 CEO

是企业的首席文化官，是价值观的代言人和布道者，要在各大场合为企业价值观代言。在很多公司，作为新员工第一课的企业文化课程，往往由企业创始人或 CEO 亲自分享。因为企业创始人或 CEO 更能代表企业初心和体现企业对文化的重视，分享的企业文化也更有说服力。所以，企业文化课程不是人力资源部讲师可以简单代劳的。

（2）**标杆员工** 简要而言，"学雷锋做好事"，这就是向标杆学习。同样地，标杆员工是企业内部的先进代表，具有先锋模范作用。人会点燃人，员工身边鲜活、真实的优秀员工代表，能更好地感染身边的人。标杆员工作为文化践行的典范，可以树立良好的模范作用，是企业文化建设的重要资源和力量，可以让他们参与到企业文化建设中来。比如，阿里巴巴的"闻味官"，就是招募一批深刻理解和践行阿里巴巴价值观的老员工，在面试过程中帮助识别具有同样气质、符合阿里巴巴文化价值观的候选人。又如，OPPO 会筛选出一批深度理解和践行文化价值观的老员工作为文化大使，传播、分享企业文化理念和自身优秀故事。文化大使分享的鲜活故事和案例，相比生硬的文化大道理更容易引起共鸣。

（3）**新员工** 通过社招进入公司的新员工，原来接受的是另外一套价值观体系；校招进入公司的新员工，尚未树立系统的职场价值观体系。因此，无论是社招还是校招的新员工，都需要趁其新加入还处在与企业的新鲜"热恋期"，及时向其宣导企业文化。这时候新员工也往往对企业文化具有较大兴趣，是宣导企业文化的最佳时间点。

2. 抓关键场景

文化落地应用的第二个关键是抓住关键场景、关键时刻。对于越重要的决策、越艰难的时刻，价值观越能发挥作用。以下三大关键场景可以重点关注。

（1）**用人决策时** 企业选人用人时，既要看候选人的能力，同时也需要看候选人与企业价值观的匹配度，甄选符合企业价值观要求的候选人。企业对外招聘时，设置专门考察价值观环节，应聘者符合企业价值观要求是底线；内部员工晋升时，企业考核需要设置价值观标准，符合价值观要求的员工才能得到晋升；内部人才盘点时，企业不仅需要盘点员工绩效和潜力，同时也要观察和盘点员工的价值观；淘汰员工时，企业对违背价值观的员工直接降职降级，甚至淘汰。

（2）**业务决策时**　当员工面临压力、困难或诱惑时，如何思考和决策就是对价值观的考验。当员工面临决策、左右为难时，企业需要用文化指引其行为和决策，用企业价值观作为员工决策的依据。

（3）**人才培养时**　在新人培训时，建议第一课是企业文化课程，让员工在一开始就对企业文化有系统的认知；在新团队成员融入时，尤其是对具有不同文化背景的伙伴，企业需要及时宣导企业和团队的文化，形成合力；在绩效反馈和辅导时，管理者需要鼓励价值观践行突出的员工，而对价值观有偏差的员工，则应及时纠偏或制止；在干部培养上，企业应植入价值观的要求，牵引干部的行为导向。

3. 抓文化机制建设

提到文化建设，很多人想到的就是搞活动、搞团建、安排下午茶等，各种活动搞得风生水起，但到头来顶多是企业氛围还不错，还算不上真正的"有文化"。一家真正"有文化"的企业，不是活动搞得多么热闹，更不是停留在嘴上、墙上的口号，而是将文化深深融入企业流程中、制度中，流淌在企业的血液里，体现在决策和做事的方式中，展现在员工的一言一行里。而要做到这些，需要企业制度的保障。

企业价值观可以弥补制度的不足，而价值观本身也需要制度的保障。文化入制，就是流程制度的制定结合了企业价值观，体现了价值观导向，这样才能真正保障文化的落地和践行。这里说的制度，不仅仅是书面的

"制度"，而是一切可以沉淀、固化的流程和管理制度。所有的业务流程、管理制度都可以从企业价值观的视角去审视，看价值观是否得到良好的应用和落地，以及制度是否体现了企业价值观的导向。

亚马逊文化落地案例：将文化口号变为具体行动

亚马逊的愿景是"成为地球上最以客户为中心的公司"。早在1998年亚马逊倡导的五大价值观中，第一条就是痴迷客户（Customer Obsession）。时至今日，五大价值观演变成了14条领导力准则，但不变的是第一条仍然是痴迷客户。在亚马逊，痴迷客户不是停留在口号层面，而是转变为实际行动：

（1）**贝佐斯每周一问** 每周例会上，贝佐斯都会雷打不动地问："我们怎样才能为客户做得更好？"

（2）**给客户留把空椅子** 贝佐斯在亚马逊早期开会时，会给客户留把空椅子，假设客户就坐在那儿，时刻提醒大家要始终心怀客户，把客户的利益放在第一位。

（3）**从客户视角撰写新闻通稿** 在亚马逊，所有创新项目在正式立项前，都要写新闻通稿，明确定义目标客户，并从客户的视角阐述该产品/服务究竟能为客户创造什么价值，带来哪些惊喜。

（4）**一线客服"按灯"制度** 在亚马逊，一旦有超过两名客户投诉同一产品的同一问题，不管产品销售有多火爆，一线客服人员无须汇报，就有权直接将这款产品下架，直到问题被解决。

以上内容来自拉姆·查兰（Ram Charan）的《贝佐斯的数字帝国：亚马逊如何实现指数级增长》，书中还列举了其他亚马逊践行和落地"痴迷客户"的措施、流程和制度。在亚马逊，很多行动一开始只是践行"痴迷客户"的临时性措施，经过慢慢沉淀，逐步固化成流程、制度，从而真正将企业文化落到实处，发挥文化的价值和力量。

除了业务流程，管理制度也需要与企业文化深度融合，这体现在人才的选用育留等方面。其中，尤其需要找到核心制度，在员工最关注的几个环节融入企业价值观的要求。

（1）**文化入制之招聘面试**　招聘是人才管理的第一关，选对人是关键。在招聘过程中，企业应将价值观作为核心考察标准之一，一旦出现价值观不符合的候选人，一票否决。

阿里巴巴对人力资源部门的要求是：要严把招聘关，招聘优秀的人才，要吸引那些"和阿里的味道一样的人"。所谓"和阿里的味道一样的人"，即认同和践行阿里巴巴价值观的人。在阿里巴巴，有三个角色对招聘起到关键的作用，分别是：

1）业务方：包括业务组长、经理、专业通道委员会，他们主要考察候选人的专业能力。

2）"政委"（HRBP）：考察候选人的企业价值观匹配度，是否符合"阿里人"的要求。

3）"闻味官"：往往是用人部门的老员工，考察候选人与自己是不是一类人，老员工是否愿意接纳他。

其中，"政委"在文化考察中扮演了重要角色，因为企业价值观是其中重要的考察内容。然而，要判断候选人是否符合企业价值观并非易事，因为价值观相对容易迎合和伪装。所以，管理者在面试过程中，要尽可能结合文化标准中的具体行为描述，去印证候选人是否符合。比较有效的面试方法是目标行为事件访谈（TBEI）。面试官聚焦需要考察的价值观标准，让候选人分享经历过的相关真实故事，并不断追问其中相关细节，以确定其是否符合企业价值观标准。

阿里巴巴在 2019 年 9 月 10 日公司成立 20 周年之际，发布了"新六脉神剑"，对企业文化体系进行了升级，如图 6-4 所示。

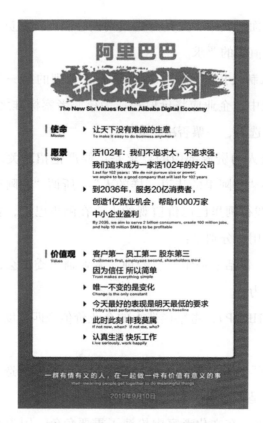

图 6-4 阿里巴巴 "新六脉神剑"

资料来源：阿里巴巴官方公众号，《阿里巴巴 "新六脉神剑" 来了》。

阿里巴巴价值观刷新后，基于新版价值观开发了题库，帮助面试官精准识别候选人。例如，来自《阿里本地生活面试官手册》之价值观面试题库：

价值观：客户第一，员工第二，股东第三。

行为指标 1：心怀感恩，尊重客户，保持谦和。

参考题目：你是如何与客户建立并维护关系的？请举一个最成功的例子。同时，你过往的客户是如何评价你的？为什么会这样评价你？请举一个例子。

行为指标 2：面对客户，即便不是自己的责任，也不推诿。

参考题目：当客户提出一些超出你职责范围的需求的时候，你是如何做的？请举一个例子说明。

行为指标 3：把客户价值当作公司最重要的 KPI。

参考题目 1：过往有没有遇到过客户的利益与你或者你的领导的利益相冲突的时候？当时你是怎么处理的？为什么这么处理？

参考题目 2：请讲一次这样的经历：你使一个非常不满的客户改变了看法。客户之前是因为什么问题不满？你是怎样使客户转变心意的？

参考题目 3：如果客户对所发生事情的判断是完全错误的，你该如何解决这个问题？

行为指标 4：洞察客户需求，探索创新机会。

参考题目：能否举例说说，你做过的最受客户好评的产品或者项目。当时你是基于什么原因来思考设计的？

从中可以看到，面试官主要是通过行为事件访谈的方式，让候选人举例说明，分享具体的案例和行为细节，从中挖掘和印证其价值观匹配度。

面试中，文化匹配度可以分为三档：

1）符合：通过，进入下一轮。

2）不确定：对存疑的备注清楚，下一轮面试继续挖掘和验证。

3）不符合：文化价值观是底线要求，在多个价值观中，只要出现一个不符合，直接淘汰，一票否决。

（2）**文化入制之文化考核**　文化价值观的行为要求可以转化为 360 度问卷，定期进行考察和检视，判断员工行为是否符合价值观。阿里巴巴每季度都会对员工进行绩效考核，其中价值观和业绩各占 50%。阿里巴巴每一条价值观都有详细、清晰的行为描述，供员工自评和他评时对照打分，见表 6-2。

表 6-2　阿里巴巴价值观诠释和行为描述（部分）

价值观	客户第一，员工第二，股东第三	因为信任，所以简单	唯一不变的是变化
诠释	● 这就是我们的选择，我们的优先级 ● 只有持续为客户创造价值，员工才能成长，股东才能获得长远利益	● 世界上最宝贵的是信任，最脆弱的也是信任 ● 阿里巴巴成长的历史是建立信任、珍惜信任的历史 ● 你复杂，世界变复杂；你简单，世界也简单 ● 阿里人真实不装、互相信任，没有那么多顾虑猜忌，问题就简单了，事情也因此高效	● 无论你变不变化，世界在变，客户在变，竞争环境在变 ● 我们要心怀敬畏和谦卑，避免"看不见、看不懂、追不上" ● 改变自己、创造变化，都是最好的变化 ● 拥抱变化是我们最独特的 DNA
行为描述	● 心怀感恩，尊重客户，保持谦和 ● 面对客户，即便不是自己的责任，也不推诿 ● 把客户价值当成我们最重要的 KPI ● 洞察客户需求，探索创新机会	● 诚实正直，言行一致，真实不装 ● 不唯上欺下，不抢功"甩锅"，不能只报喜不报忧 ● 善于倾听，尊重不同意见，决策前充分表达，决策后坚决执行 ● 敢于把自己的后背交给伙伴，也能赢得伙伴的信任	● 面对变化不抱怨，充分沟通，全力配合 ● 对变化产生的困难和挫折，能自我调整，并正面影响和带动同事 ● 在工作中有前瞻意识，建立新方法、新思路 ● 创造变化，带来突破性的结果

资料来源：《阿里本地生活面试官手册》。

价值观评估时，与每项价值观的行为描述进行对比，符合给 1 分，不符合给 0 分。5 条核心价值观（其中"认真生活、快乐工作"为倡导，不考核），每条 4 个行为描述，合计行为考核总分为 20 分。

阿里巴巴文化价值观考核结果分为三档：

A 档：超越自我，对团队有影响力，与组织融为一体，被广泛好评，属于标杆。

B 档：言行表现符合阿里巴巴的价值观要求，整体是一名合格的阿里人。

C 档：缺乏基本的素质和要求，突破价值底线，根据程度不同，选择改进或离开；若连续两个考核周期都是 C 档，则一定会被淘汰。

价值观考察可以应用在人才盘点中，尤其是干部人才盘点时，不可忽视价值观的盘点。最终可以根据价值观和业绩评定情况，形成人才九宫格。阿里巴巴人才九宫格如图 6-5 所示。

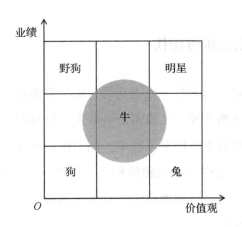

图 6-5　阿里巴巴人才九宫格

资料来源：https://mp.weixin.qq.com/s/15kpxal5PBvaY-oU6jIk9w。

需要特别注意，不要轻易用企业价值观去批评一个人。如果企业发现员工价值观评分过低，需要求证，找到背后具体的行为去印证，再下结论。

（3）**文化入制之人才晋升**　晋升是最具导向的管理动作之一，也是组织的风向标。什么样的人得到晋升，代表了公司喜欢和重用什么样的人，鼓励其行为表现。所以，内部晋升同样需要严格的考核过程，而与企业价值观匹配度的考察不容忽视，而且越高层的职位，价值观越重要。

关于晋升的企业价值观考察，可以采用 360 度价值观环评、周边访谈等方式进行。先进行价值观 360 度评估，收集反馈意见，再结合进行周边员工调研访谈。员工一旦出现触及红线、严重违背价值观的行为，不得晋升。但需要特别注意的是，不符合价值观的评判结论需要慎重得出，且在评判结论背后一定要有具体的实证。

综上所述，文化建设需要"软硬兼施"、虚实结合。文化入制是"硬核"措施，只有抓住核心管理流程制度，真正融入文化价值观，企业文化才能有效落地。

6.4 企业文化更新与迭代

企业文化确定之后不是一成不变的，而是要随着企业战略和业务的变化进行相应的调整和升级。比如郭士纳带领下的 IBM、纳德拉带领下的微软，都在企业战略和业务转型过程中，同时推动企业文化的转型升级，从而助力战略转型。战略和文化相伴相生，战略调整，必须匹配文化调整；文化升级和变革，同时会推动战略的转型和落地。那么，什么时候需要对企业文化进行升级呢？

1. 企业文化升级时机

时机 1：战略和业务发生重大调整。

当战略发生调整或业务出现重大转型时，需要同步思考如何匹配战略和业务进行文化升级。如以下战略方向发生调整时需要重点关注：

1）从一个行业进入另一个行业。

2）从单一业务到多元业务。

3）从 2C（面向消费者）业务到 2B（面向机构）业务。

4）从国内业务到国际化业务等。

以上战略发生调整，前后业务属性差异较大，从业务运营到团队运作方式都会有差异，因此企业需要同时升级配套的企业文化。

时机 2：运营效率变低，问题频发。

当企业文化不再适应或未发挥作用时，会引发一系列的管理问题，出现各种阵痛。比如：

1）会议越来越多，工作却难以推动。

2）官僚作风盛行，唯上，讲究职级对等。

3）越来越多的员工把时间花在没有价值的形式上。

4）流程越来越复杂，企业运作效率越来越低。

5）员工士气低迷。

6）跨团队协作效率低等。

时机 3：员工缺乏精神牵引，流失严重。

同时应关注员工的状态，当出现以下状态时，需要警惕。

1）员工喜欢"讲条件"，要加薪、要加班费，但不愿付出额外努力。

2）员工缺乏归属感。

3）员工内推率低。

4）员工流失率大。

企业一旦出现以上情形，需要特别注意。这些情形的出现提醒管理者，是时候对企业文化进行刷新和升级了。

企业文化升级案例 1：腾讯文化升级

腾讯企业价值观随着战略调整和业务发展，历经了几次升级，如图 6-6 和表 6-3 所示。腾讯 1998 年成立，2003 年定义的企业价值观是"务实专注、激发创意、团队协作、快乐工作、守信尽责"，2005 年升级为"正直、尽责、合作、创新"，奠定了企业价值观的雏形。到 2011 年，升级为"正直、进取、合作、创新"，"尽责"调整为"进取"。到了 2019 年，腾讯再次对企业文化做了刷新和升级，发布了新的愿景及使命——"用户为本，科技向善"，同时"正直、进取、合作、创新"升级调整为"正直、进取、协作、创造"。

乍一看，企业价值观好像变化不大，但背后却有很深的思考。新版企业价值观正好出台于腾讯"930 变革"之后，对价值观的词条和内涵都做了升级，有力助推腾讯战略转型落地。

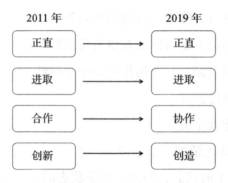

图 6-6 腾讯企业价值观的升级

表 6-3 腾讯价值观内涵

价值观	内涵
正直	坚守底线，以德为先，坦诚公正，不唯上
进取	无功便是过，勇于突破，有担当
协作	开放协同，持续进化
创造	超越创新，探索未来

资料来源：腾讯官网，https://www.tencent.com/zh-cn/about.html#about-con-6。

从"合作"到"协作"：腾讯 2019 年提出转型互联网下半场，拥抱产业互联网，2C（面向消费者）业务和 2B（面向机构）业务并举。面向产业互联网的 2B 业务与腾讯传统 2C 业务之间存在巨大的差异。2C 业务更加注重海量用户的体验，产品依托平台小团队也可以快速推出和迭代，强调速度和敏捷，所以早年腾讯推崇赛马机制。然而，最近几年腾讯很少再提赛马机制。因为产业互联网需要跨团队提供系统的解决方案，具有周期长、个性化、复杂度高的特点，需要整合很多内外部资源打"团战"。所以，新的企业文化更加强调团队合作，需要更加开放地协同，深度融合与协作。"协作"比"合作"具有更强的主动性、开放性和敏捷性要求。

从"创新"到"创造"：最近几年，今日头条、抖音等对腾讯带来了巨大的冲击，侵占腾讯流量市场。信息流和短视频赛道腾讯都相继错失良机，出现了"漏球"。为应对竞争格局，腾讯需要新的创新来推动业务的发展，所以对创新提出了更高的要求，需要创造出对用户和社会更具价值的产品和服务。因此，"创新"升级为"创造"。

企业文化升级案例 2：字节跳动价值观升级

字节跳动是中国企业国际化的标杆之一。目前公司的产品和服务已覆盖全球 150 个国家和地区、75 个语种，曾在 40 多个国家和地区位居应用商店总榜前列（来自字节跳动官网）。在字节跳动，价值观被称为"字节范"，在国际化进程中，字节跳动的文化价值观也同步刷新和升级。2020年 3 月 11 日，字节跳动在成立八周年之际更新了"字节范"，新增"多元兼容"，旨在打造多元化的全球团队。字节跳动的价值观见表 6-4。

表 6-4　字节跳动的价值观

价值观	内涵
多元兼容	●欣赏个体多样性，聚焦人的核心特质 ●全球视角，理解不同文化、观点和实践 ●善意假设，默认开放信任，有效合作
敢为极致	●敢于为了更好的结果明智地冒险，注重整体投资回报率（ROI） ●尝试多种可能性，在更大范围里找最优解 ●追求卓越，高标准，不仅做了，更要做好
求真务实	●直接体验，深入事实，拿一手数据或信息 ●不自嗨，注重实际效果 ●独立思考，刨根问底，找到本质
共同成长	●相信并认可使命和愿景，基于使命愿景自驱 ●面对短期波动有耐心、有韧性，共同解决问题 ●持续学习，不设边界，与组织一起成长
坦诚清晰	●表达真实想法，不怕暴露问题，反对"向上管理" ●就事论事，理性沟通，避免主观臆测和情绪化表达 ●准确、简洁、直接，少用抽象、模糊、空泛的词
始终创业	●保持创业心态，始终开创而不守成，创新而非依赖资源 ●敏捷有效，最简化流程，避免简单事情复杂化 ●对外敏锐谦逊，避免自满或优越感

资料来源：字节跳动官网，https://www.bytedance.com/zh/。

字节跳动的价值观之所以增加"多元兼容"，是因为字节跳动加快了全球产品和业务布局，并且实现高速发展，覆盖的国家和地区越来越多。一方面，不同国家和地区的用户存在巨大的差异，展现出多元化的特征，有着不同的族群、语言、文化背景等；另一方面，在全球化推进过程中，对团队和人才的全球化视野提出了新要求，海外本地化员工越来越多，也需要更加多元和包容。

2. 企业文化升级的方法和步骤

（1）**战略主题分析**　战略的变化直接带来文化要求的变化，而企业文化是为战略服务的，所以，企业文化的升级需要从战略出发进行思考和推演：分析战略主题，进而判断需要什么样的配套文化。这里聚焦探讨企业价值观的升级。

不同的战略主题对企业文化有不一样的要求，见表 6-5。企业应结合未来 1～3 年的战略主题进行分析，推导需要什么样的主导文化。

表 6-5　常见战略主题对企业文化的要求

序号	战略主题	对企业文化的要求
1	快速增长	敢想敢干、敢于挑战、追求极致
2	国际化 / 全球化	全球视野、开放多元、包容
3	业务协同	合作、协作、坦诚
4	卓越运营	追求卓越、精益求精、高效执行
5	客户导向	用户思维、以用户为中心、用户导向
6	业务创新	大胆试错、创新
7	联盟合作	协作共赢、开放
8	二次创业 / 第二增长曲线	创业精神、艰苦奋斗、学习成长

注：伟略达公司 2018—2020 年研究成果。版权所有。

（2）**调研分析**　一方面，可以通过访谈的方式，对管理者和员工进行访谈，从事实出发推导到行为：

1）哪些事件是值得鼓励和推广的，背后反映了什么行为？

2）哪些事件是不值得倡导的，背后反映了什么行为？

另一方面，可以鼓励更多员工参与到企业价值观的升级中来，通过问卷调研的方式收集员工反馈。问卷调研可以聚焦对文化调整的新要求（见表 6-6）。

1）需要增加哪些鼓励的行为？

2）需要减少哪些不倡导的行为？

3）哪些好的行为可以继续保持？

表 6-6　某公司企业价值观升级在线问卷调研结果示例

要求		增加	减少	保持
行为		关注员工的成长	直接越级指导工作	公平公正地对待员工
		多鼓励认可	对一些自己并不专长的领域发表指导性意见	保持团队相互协作
		乐于分享	死抠公司制度和流程，不愿意灵活变通	对本分、诚信企业文化的坚守、身体力行
		持续的自我修炼，挑战自我	怕承担责任，同时不能容忍下属犯错	对品质的追求
		在战略制定过程中邀请各层级的伙伴参与	在团队伙伴工作时插手太多	执行力
		通过更加丰富的形式给予下属生活上的关怀	对团队成员情绪控制不当	对变革的支持
		与下属交流和沟通，宣导企业文化和团队目标	只说问题不给方法	以身作则的工作态度
		工作安排明确，职责清晰	临时、随意地安排重要工作	保持简单的工作关系，而非复杂的人情世故
		承认自己的缺点和不足，勇于承认错误	过多的会议	处理事情对事不对人
		及时和员工分享企业成长中的关键信息	基于感性而非事实进行批判	对公司忠诚
		招募多元化人才	拍脑袋做决定	坚持结果导向

这些行为指标可以作为后续企业价值观提炼的重要输入，同时也是企业价值观词条与内涵的重要素材。

（3）**研讨共创**　有了这些文化素材之后，就要进行加工萃取。可以采用文化工作坊的方式，组织管理者一起研讨共创。研讨可以聚焦在以下问题：

1）需要增加什么价值观？新的战略主题需要加强哪些价值观要求、增加哪些价值观词条，具体内涵是什么？

2）需要减少什么价值观？哪些价值观词条已经不再适用，可以舍去？

3）需要调整什么价值观？哪些价值观词条不变，但是内涵和行为要求发生变化，需要调整？

最终，通过共创的方式共识新版企业价值观，定义清楚内涵和行为要求，并配套能体现价值观的经典故事进行宣导和落地。

第 7 章

战略执行中的领导力

斯坦福大学教授约翰·加德纳（John Gardner）在其著作《论领导力》一书中阐明："领导力是领导者个人（或领导团队）为实现领导者自身及其追随者的共同目标，通过说服或榜样作用激励某个群体的过程。"这就是企业战略落地的过程。领导者要带领团队达成对目标的共识，还要在目标执行过程中帮助团队克服困难和坚定信心，并确保目标能够落地。这里定义的领导者泛指企业创始人或 CEO 及下属管理者，以下内容均用领导者来阐述其需要的领导力。

中小企业领导者在制定企业战略时，要扮演企业战略的设计师与架构师，让团队理解战略本身的高度、质量以及执行的有效性；领导者在企业战略执行的过程中，要及时洞察市场的变化，并调整企业的资源配置，要让团队接受新的认知、新的能力、新的流程（提高认知与能力，适应新的流程）。在这一战略落地执行过程中，要求领导者对团队进行赋能、激励、鞭策与认可，使整个组织快速适应市场的变化。

当中小企业领导者在战略执行过程中遇到重大问题与挑战时，要肩负社会责任、企业责任、客户责任和员工责任，带领团队积极解决问题与应对挑战。

"真正的领导力考验，通常发生在战略执行这个漫长且煎熬的过程中。在战略执行过程中，任何问题都有可能发生。"⊖这意味着中小企业领导者要应对企业战略执行过程中的各种未知风险与挑战。

跨越坎坷是中小企业领导者修炼领导力的必经之路，因为战略执行过程不会一帆风顺，要应对市场动荡、竞争加剧、人才匮乏、能力不足、资金短缺、组织涣散等各种风险与挑战。

基于我们团队历时4年访谈过的1500多位企业创始人或CEO，发现他们很容易忽视4个问题，见表7-1（见表中的二级思考问题），而这恰恰是战略执行中领导力提升的关键思考。

表7-1　2018—2021年1500多位企业创始人或CEO访谈结果统计

一级思考	二级思考	重要程度①
战略设计的思考	如何选择正确的赛道	80%
	如何实现业绩高增长	95%
	如何构建产品力	92%
	如何构建核心竞争力	89%
	如何构建匹配的组织能力	78%
战略执行的思考	如何保持认知的不断进化	35%
	如何在战略执行中保持定力	24%
	如何抓住领导力的本质	28%
	如何招募合适的人才	85%
	如何高效协同	80%
战略资源的思考	如何获得融资	50%
	如何选择正确的合伙人	75%
	创始人和高管需要什么样的教练	4%

注：伟略达公司2018—2021年研究成果。版权所有。
①重要程度为1500多位访谈对象对重要程度排序后的加权统计值。

⊖　王钺.战略三环：规划、解码、执行[M].北京：机械工业出版社，2020.

4 个容易被中小企业领导者忽视的企业战略问题如下：

1）如何保持认知的不断进化？

2）如何在战略执行中保持定力？

3）如何抓住领导力的本质？

4）创始人和高管需要什么样的教练？

中小企业领导者如果解决了上述 4 个问题，能有效帮助其提升领导力和战略执行效率。

7.1 如何保持认知的不断进化

1. 领导者认知不断进化是企业增长的必要条件

中小企业生存与发展的重要原则是：既要业绩有增长，以确保有正向的现金流，还要不断建设管理体系，以确保可持续发展。其中不断建设管理体系的过程，就需要企业领导者不断提升认知，这是企业保持增长的必要条件。

卫龙美味全球控股有限公司（简称卫龙）是一家在休闲食品行业中快速崛起的民营企业。卫龙在 2020 年之前的发展经历了三个阶段：机会生存阶段、渠道与产品转型升级阶段、体系构建阶段。

其中，体系构建阶段启动于 2019 年，当时卫龙的业绩增长速度较快，但供应链、数字化等后端管理能力的提升速度跟不上业绩的增长速度。于是，卫龙创始人开始邀请顾问团队帮助公司构建体系，解决战略规划与落地、领导力发展、数字化升级、干部梯队建设等关键问题。

顾问团队回顾 2019 年的服务经历，整理总结了关于战略执行过程中认知进化的四个要点：

1）中小企业领导者要身先士卒，不断迭代自身的认知。当企业的发展处于初创期或成长期时，通常企业的瓶颈之一就是创始人认知。只有不断提升企业创始人的认知，才有可能做出正确的决策，企业才有可能突破瓶颈。卫龙创始人刘卫平先生曾说："一旦走上创业的路，就如同将车开上了高速公路，并且高速公路没有出口。"①因此，企业创始人要带领团队突破发展瓶颈，首先自身需要迭代认知。

2）企业内部"空降兵"（本书把企业在外部"挖"的关键岗位人才称为"空降兵"）的空杯心态很重要。卫龙总部在河南漯河，关键岗位人才获取与一线城市相比较为困难，所以常年与猎头公司有合作。当关键岗位人才由猎头公司推荐并"空降"到公司后，部分"空降兵"由于自身的实际技能或价值观与企业要求不相符，给卫龙带来了较高的用人成本和管理风险。类似以下的情况在中小企业屡见不鲜。

①猎头公司与中小企业对招聘的人才画像理解不一致时，会浪费大量时间进行沟通。

②中小企业急需人才，可能会盲目地把不合适的人才招进企业。这样的"空降兵"如果不符合岗位职责要求，就会耽误企业解决问题和有序经营，带来较高的机会成本。

③"空降兵"为了证明自己被"挖"的价值，通常会急于表现自己，把以前公司的流程和工具生搬硬套到现在的公司中，但由于无法与现有机制融合，往往导致流程和工具无法体系化落地。

④"空降兵"入职后没有业绩结果而遭受质疑时，为了保护自己，可能会对公司、员工、机制等发出抱怨的声音，给组织带来不好的负面影响。

所以，中小企业领导者在招聘过程要能识别出候选人"好面子、贪大功"的心态问题，否则会带来较高的用人成本。

中小企业领导者要解决"空降兵"问题，一方面，企业要为"空降兵"

提供合适的生存土壤；另一方面，要帮助"空降兵"克服自身的经验主义，将"空降兵"过去的经验与当前企业面临的问题有效结合，给企业提供可落地的解决方案。

3）中小企业的管理体系构建是领导者提升领导力的关键载体。例如，中小企业要上市并实现可持续发展，必须经历体系化的升级，这涉及投融资体系、接班人体系、战略规划体系、研发体系、融合渠道体系、干部梯队建设体系等若干体系。这些体系的构建周期短则 1 年，长则 10 年甚至更久，其间还会遇到很多问题和挑战。卫龙一位高管总结："体系构建的难点就在于，企业领导者会因为过往的成功而产生路径依赖和思维固化的问题，难以用空杯心态来看待自己的不足，更难以用强大的意志力来推动自我的变革。"⊖中小企业领导者与执行团队共同解决问题的过程并不简单。这个过程是领导者通过深刻理解个体与组织、组织与环境的关系，进而洞察企业经营和人性管理的本质，以实现自我心智上局限性的突破，并不断刷新自我认知，最终开始用新的认知指导自己的行为，如此不断循环。

4）体系化建设不能靠简单地复制。因为企业的经营参数不同，如企业文化、企业愿景、市场环境、发展阶段、战略定位、商业模式、经营班子、创始人个人特质等，会对体系化建设产生不同的影响。例如，当企业需要构建人才梯队体系时，倡导"家文化管理"的创始人会比倡导"军事化管理"的创始人更难构建人才梯队，因为淘汰"家人"会难以执行。所以，企业是无法靠简单抄袭或复制另外一家公司的成功而获得成功的。

卫龙构建数字化体系前，企业领导者与团队要针对数字化经营以下的问题达成共识：

1）如何让企业创始人理解数字化转型对企业的价值与意义？

2）如何让经营班子对卫龙数字化转型达成共识？

⊖　卫龙彭经理在企业教练访谈中的发言。

3）如何让现有 IT 部门具备数字化规划与落地执行的能力？

4）如何让业务部门都积极参与到数字化建设中来？

为此，卫龙团队在顾问团队的辅导下精心策划设计了一次为期三天的"数字化战略工作坊"，目标是统一卫龙创始人与执行团队对数字化转型的认知。

该工作坊的策划有四个重点值得中小企业准备战略转型或升级时借鉴，具体如下：

1）工作坊地点不要在公司内部。卫龙团队选择在河南省函谷关开展游学工作坊，借助老子《道德经》这一经典国学来影响卫龙执行团队对领导力认知的改变，而不是简单上一堂普通的领导力培训课程。例如，卫龙的执行团队在看到碑文"知人者智，自知者明。胜人者有力，自胜者强"时，就会通过讲解理解其意思是："了解他人的人只能算是聪明，能够了解自己的人才算是真正的有智慧；能够战胜别人只能算是有力，能够战胜自己才能算是真正的强者。"其中蕴含了领导力的本质："自知"比"知人"更难做到；"自知"是"自胜"的前提，"自胜"比"胜人"更难做到。

2）提前做好企业经营参数的诊断。在开展"数字化战略工作坊"前，顾问团队提前对卫龙的每个领导者进行了访谈与评估，这样就可以在工作坊期间让领导者通过评估结果看到自身的差距，帮助其发现自我认知上的盲区与短板。

3）标杆企业案例学习。通过企业教练精选的案例模拟，让卫龙领导者深刻理解数字化转型成功的前提、方法、路径、工具等。其中最重要的事就是企业创始人和管理者必须摆脱过往的思维定式，积极参与转型，才有机会从"自知"到"自胜"，知行合一，实现自我变革与进化。

4）提前做好规划内容。在开展"数字化战略工作坊"之前，卫龙数字化转型小组在企业教练的辅导下，输出了高质量的成果：构建了卫龙未来三年的数字化建设愿景、实施蓝图、实施路径和预算。只有这样，才能在工作坊期间使企业创始人和管理者对数字化转型有共同的目标和坚定的信心。

通过卫龙的案例可以看到，企业体系化建设都会面临企业创始人和管理者的共识问题，而工作坊就是解决这一问题的关键方法。

在商业环境趋向于更加 VUCA 的情况下，企业领导者必须不断更新和进化自己的认知，洞察消费潮流变化、产业周期波动、技术创新潮流、竞争格局调整，从而制定与执行正确的战略。反之，过于自我、经验主义、自我设限，则会妨碍企业的战略发展。因此，在战略执行中，领导力的第一要求是进化认知。

基于我们以往的实践经验，本书总结了认知进化中的三个典型认知障碍与三种认知进化方法，见表 7-2。

表 7-2　认知障碍与认知进化方法

认知障碍	认知进化方法
归因于外	敏捷洞察
经验主义	实践迭代
自我设限	赋能复制

注：伟略达公司 2018—2020 年研究成果。版权所有。

2. 领导者的典型认知障碍

障碍一：归因于外

在企业经营会议中经常会遇到这样的场景：当销售经理业绩未达标时，销售经理会把业绩问题归因于产品不好；而追问到产品经理时，产品经理会把产品问题归因于供应商；再追问到采购经理时，采购经理会把供应商问题归因于财务付款不及时；又追问到财务经理时，财务经理就会埋怨销售经理回款不及时；最后，问题又回到了销售经理身上。这就是我们常说的"踢皮球"。

一些企业的产品经理就是企业创始人。当销售经理把销售业绩未达标归结于产品不够好时，创始人就会怀疑销售团队缺乏激情和积极性，以致双方互相埋怨。

上述场景属于"甩锅"的死循环现象：当事人都只看到对方的问题，而不从自身找原因，从而形成抱怨、指责的组织氛围，不仅解决不了问题，反而会降低战略的执行效率。

如果企业领导者可以通过反思自己来改变认知，就可以不断发现改善企业的机会。

我们一位合伙人在华为工作期间，经常参加华为领导班子自创的游戏"沟通牌"：一边打牌，一边互相批评，并反思自己的问题，如"我对重点战略任务的安排会任人唯亲""我对下属的反馈不及时"。在华为，领导者经常召开批评与自我批评会议，帮助培养自我反省的习惯，并使这一习惯融入团队管理中。华为的"自我批评"是华为最为推崇的工作方法之一。任正非曾在内部会议中说："不会自我批评就是死路一条！华为坚定不移地推行批评与自我批评的工作方法，对自己的上级、部下，有什么不对都可以说一说。如果人人都顾及影响，想树立个人的威望，都做'好人'，那么企业管理的进步就无从说起。"

善于自我批评，不找外部或他人的原因，不仅是一种进化认知的方法，也是一种思维习惯，更是一种价值观。

障碍二：经验主义

毛泽东在《反对本本主义》《实践论》等著作中明确指出经验主义的要害在于轻视马克思主义理论的指导作用，满足于个人狭隘经验，把局部经验误认为是普遍真理，到处生搬硬套，也否认具体问题具体分析。

当今市场环境变化太快，如果企业领导者的过往经验已不适用于新的环境和挑战，这些过往经验方法会导致企业在错误的道路上加速前行，迅速被淘汰。

图 7-1 给出了三个因经验主义而导致失败的案例。

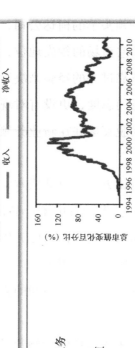

柯达胶片的褪色

- 柯达在 1975 年发明了数码相机，但没有因此进入新的市场
- 1996—2009 年中，5 年亏损，股价下跌 95%
- 2012 年 1 月申请破产保护

商业模式创新者的枯萎

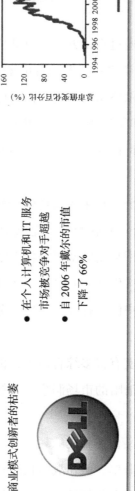

- 在个人计算机和 IT 服务市场被竞争对手超越
- 自 2006 年戴尔的市值下降了 66%

从手机行业的领导者到智能手机的跟随者

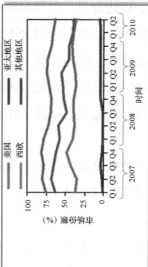

- 在诺基亚的传统领域外，智能手机业务大幅增长
- 在所有地区市场中，被竞争对手三星、RIM、苹果和其他手机生产商抢占市场份额
- 2013 年年底被微软收购

图 7-1 失败案例

注：伟略达公司 2018—2020 年研究成果。版权所有。

（1）**柯达公司**　曾经的胶片市场领头羊的柯达公司，是第一个开发数码相机的公司，却因为割舍不下在胶卷市场的领先地位，而错失数码相机新市场的机会。柯达公司的领导者依靠过去的经验来决策战略，对数码相机的快速崛起采取了轻视或视而不见的态度，更没有对现有战略和资源进行调整与重新配置，错过了让企业摆脱衰落并在新业务领域形成竞争力的机会。

（2）**戴尔公司**　戴尔公司通过直销方式，以低成本、零库存、低价格的优势成为全球三大计算机厂商之一。但随着电子产品价格大幅度下降、大量厂商进入、竞争加剧，戴尔公司旧的销售模式已无以为继，产品质量无法保证，货源也受制于上游厂商，服务无法跟上，产品线单一，各种问题层出不穷。企业资源疲于应付这些问题，成长初期的直销模式反倒制约了戴尔公司的发展。

（3）**诺基亚公司**　诺基亚公司在手机市场的份额曾经是全球第一，领导者按照企业过去的经验认为：品牌影响力是获取和保留客户的第一法宝。因此，公司领导者坚持使用封闭的塞班操作系统，并对智能手机的未来视而不见。结果在智能手机时代到来的时候，诺基亚被苹果 iOS 及安卓操作系统的开放性与更佳的客户体验打败，导致业务被微软收购而退出手机市场。

上述三个经典失败案例其实有很多综合原因，但有一点对中小企业应有启发：企业领导者如果缺乏清晰的市场洞察，又被过往的成功经验所桎梏，则容易落后于竞争对手。

我们并非完全否定经验主义，在相同的环境和前提下，经验就是一种规律或方法，可以加大成功的概率。但在战略执行过程中，如果环境要素发生了快速和剧烈的变化，很多企业领导者过去的经验反而会成为战略执行的障碍，甚至导致致命的错误。

VUCA 时代，唯一确定的就是不确定性，永远不变的就是变化。如果环境中的事物在改变，而我们的经验不改变，那么我们就是拿着旧地图来探索新世界，会陷入刻舟求剑的困境中。

障碍三：自我设限

《道德经》研究的是世界的本质规律是什么，以及如何遵循这个本质规律去养生、为人处世、用兵治国。在《道德经》的第一章就诠释了其核心观点："道可道，非常道；名可名，非常名……无名天地之始；有名万物之母。"简单来理解，"道"即你知道的和你不知道的总和。

《这世界难捉摸》一书这样描述：我们对宇宙的了解（恒星、行星和它们上面的一切）还不到 5%，还有 95% 是人类不知道的。更糟糕的是，即使在我们所知的 5% 的宇宙里，还有很多事情我们并不知道。

因此，就我们个体所认知的部分而言，挑战在于是否看到本质，发现其真正的规律与趋势；而对我们不知道的部分，挑战在于是否有意愿去掌握和理解新的信息和知识，拓宽自己的认知边界。

世界一流的企业家都善于在学习和实践中不断总结，把握问题的本质与规律，并顺应变化趋势。例如，稻盛和夫把握住了企业经营的核心要义，才能把京瓷、KDDI 两家企业做到世界 500 强，并在接手日本航空后，扭亏为盈将其带出泥沼。埃隆·马斯克在燃油车盛行的时代就能洞察预见电动车将成为移动互联时代的超级终端，从而投入大量时间与精力推动特斯拉的全球发展，成为智能汽车时代的大赢家。任正非从 IBM 引入并创新科学管理体系，进而"定制"出华为这个世界 500 强企业。

相反，有些企业领导者的认知还停留在"成功"状态，当公司业绩下滑时，他们会简单地认为是公司的激励机制不好，或者竞争对手低价竞争等原因，而不去深度洞察客户需求的变化、研究科技的发展、理解政策的变化等。殊不知，随着时代的发展与科技的进步，很多行业的边界已经趋于模糊，大量的竞争来自企业跨界的竞争。待企业领导者缓过神来，企业业绩已经开始断崖式下滑。例如，一位在医疗器械细分领域市场经营了 20 多年的传统医疗器械公司创始人，一直以自己的外科医生背景为傲。当一个 AI 医疗创业团队找到他，希望能够与其合作或得到战略投资时，他对用人工智能来"看片子"的第一反应就是："机器哪里比得过临床经验丰富的医生？"于是，他敷衍地拒绝了对方。这位企业创始人根本没有洞察到人工智能在医疗领域的巨大潜力。几年后，当初被拒绝的 AI 医疗创业团队在风险投资帮助下快速发展，成长为某知名的独角兽企业，估值早已远远超过了那家传统医疗器械公司。

3. 领导者认知进化的方法

方法一：敏捷洞察

企业领导者需要建立自己收集信息、处理信息、形成洞察力的方法论和工具。在"人人互联网""人人直播""智能资讯推荐"的移动互联网环境中，企业领导者要有自己的"知识筛子"，能从碎片化的信息海洋中快速筛选出自己需要的数据与信息，并构建自己的洞察力，以支撑战略在执行过程中的快速迭代和变更。

比如，为了保持对政策、经济环境、新技术的发展、客户结构/需求变化等外部环境的敏感度，企业领导者可以要求经营团队用 PESTEL 分析模型[⊖]将这些关键信息分门别类，进行定期的搜集和分析，长此以往固化成思维习惯。

图 7-2 是我们训练战略顾问所用的框架图，用于高效搜集信息和训练洞察力。

　　⊖　PESTEL 分析模型又称大环境分析，可以分为六大因素：政治（Political）、经济（Economic）、社会文化（Sociocultural）、技术（Technological）、环境（Environmental）和法律（Legal）因素。

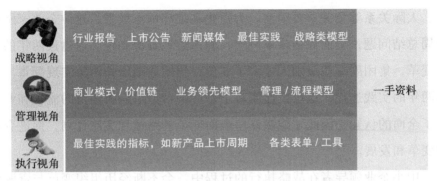

图 7-2　伟略达战略顾问的信息搜集和洞察力训练框架图

注：伟略达公司 2018—2020 年研究成果。版权所有。

方法二：实践迭代

实践出真知，反复实践与迭代是进化认知的一个关键方法。在没有互联网的时代，人们获取信息是困难的，研究标杆企业或先进管理方法也需要很高的成本。但如今，我们打开计算机或手机可随时浏览各种知识，甚至与专家直接沟通。"如何知道"已经不再是我们获取知识的瓶颈，"如何做到"才是我们所追求的，这就需要反复实践与迭代。

企业领导者如何以最低成本试错和升级迭代管理举措，是企业管理体系落地的关键。企业管理体系的构建最困难是在开始阶段，要将复杂的管理体系拆分成可操作、可执行、可衡量的落地任务，如同庖丁解牛一样拆卸成最小可执行单元，并在执行过程中及时纠偏。只有这样才能让执行团队在实践中不断尝到甜头，并坚持下去，最终完成认知的更新与迭代。

一位多元化的企业集团创始人已经 60 多岁，但仍然保持着好学的心态，经常学习各种新的商业理论和方法，每年都会尝试调整组织以匹配新的战略。2019 年，当该创始人与企业高管团队参与战略共创会时，他对"平台型组织"很感兴趣，并毫不犹豫地从多个组织架构调整方案中选取了"组织内部市场化"作为试点变革项目。在接下来 3 个月的局部试点中，这位创始人全程参与，并且真正地理解了这个项目所涉及的业务流程、财务、人际关系等相关重要因素。为强化和推广试点效果，这位企业家坚持每周总结问题，全面评估改革风险，确保落地资源到位。通过近两年的迭代变革，集团副总裁级别人才多了5位，集团业绩增长两年实现翻番。经历两年的实践迭代，这位企业家对于打造平台型组织所涉及的流程和要素有了全面的认知，因此才能制订出全面变革的路径和实施计划，促进企业的变革和发展。

中小企业领导者在战略执行的过程中，会不断经历组织变革与资源调整，只有通过实践迭代来完成认知的刷新与进化，才能确保战略成功落地和领导力提升。

方法三：赋能复制

中小企业领导者的一个重要使命就是复制人才梯队，既要完成自己的认知进化，还需要对下属进行认知上的赋能，以及构建良好的组织环境，让下属复制下属。

中小企业部门管理者的日常工作多数只是企业经营管理活动中的局部内容，因而他们很难从企业全局的角度来思考自身该如何匹配战略和发展，也缺乏经验和精力去构建公司级别的管理体系。这就需要企业创始人承担更多的责任，给下属管理者赋能，帮助下属管理者认知到企业战略背后的认知盲区，同时还要将赋能的方式复制给下属管理者，从而复制到组织中更多的员工身上，形成认知进化的组织氛围，这样才能构建人才梯队。

2021年，在一家大型企业的供应链管理战略中，数字化转型被确定为战略转型的重点项目之一，负责此项目的是一位跟随企业创始人多年的高级副总裁。在项目执行过程中，企业创始人发现了副总裁存在的认知问题，导致企业数字化转型毫无进展。首先，副总裁不理解数字化转型，简单地认为数字化转型就是"上系统"，所以只盯着IT部门，缺乏与其他部门的深入沟通；其次，副总裁不了解数字化转型的新知识，没有研究同行业数字化转型的标杆案例。尽管创始人花费了大量的时间和精力学习数字化转型，对数字化转型的重要性和必要性有了深度认知，但这种认知只停留在创始人自己的头脑里，没有赋能到副总裁和其他关键相关人员，所以数字化转型战略无法按预期开展执行。

因此，创始人专门安排与副总裁共同参访数字化转型成功的企业，结伴参加数字化转型的主题学习，帮助该副总裁全面认知数字化转型。创始人还有意识地在企业内部公开鼓励与肯定该副总裁，并将他作为公司数字化转型的榜样，鼓励其他领导者和管理人员效仿和赶超。之后的 3 个月，企业内部的中高层管理者都逐步认识到：数字化转型并不是简单的信息化，更不是单一部门的责任，而是企业组织能力再造的过程，需要整体组织知识与技能的转变，才能让企业在数字化浪潮中立于不败之地，并形成新的竞争力。

7.2　如何在战略执行中保持定力

中小企业战略落地的困难在于，领导者带着团队走一条未曾走过的路，这其中存在较多影响因素，如经验不足、人才缺乏、资金不足、业绩压力等，导致战略执行不可能一帆风顺。而对于周期长的战略任务，失败的风险会更大，因此领导者更容易忽视或放弃长期战略。在战略执行中，领导者要保持定力，并把定力转换为团队的信念。

有这样一则故事[一]体现了强大的信念力量：

广阔的沙漠中，一支探险队在艰难地跋涉。头顶骄阳似火，烤得探险队员们口干舌燥、挥汗如雨。最糟糕的是，他们没有水了。水就是他们赖以生存的信念，信念破灭了，一个个队员像塌了架、丢了魂，不约而同地将目光投向队长：这可怎么办？

[一]　故事摘自知乎平台。

队长从腰间取出一个水壶，两手举起来，用力晃了晃，惊喜地喊道："哦，我这里还有一壶水！但走出沙漠前，谁也不能喝。"

沉甸甸的水壶在队员们的手中依次传递，原来濒临绝望的脸上又显露出坚定的神色。一定要走出沙漠的信念支撑他们跟跄着、一步一步地向前挪动，看着那个水壶，他们抿抿干裂的嘴唇，陡然增添了力量。

终于，他们死里逃生，走出了茫茫无垠的沙漠。大家在喜极而泣之时，久久凝视着那个给了他们信念支撑的水壶。

队长小心翼翼地拧开水壶盖，缓缓倒出的却是一缕缕沙子。

战略执行中的定力是企业创始人在战略执行中的韧性，是克服所有困难并确保战略顺利执行的最重要的能力。简而言之，就是使团队"相信的力量"。

1. 战略执行中抵制诱惑的关键是要有坚定的信念

企业领导者在战略执行过程中会面临很多诱惑，例如，来自政府的土地优惠和特殊的招商引资政策、来自资本的橄榄枝、市场上新的商业机会等。在经济增长周期，少数企业创始人抓住了机会，获得了收益，甚至借机实现了战略转型；但很多企业创始人跨界经营会发生亏损，甚至倒闭。中小企业跨界多元化经营的战略，在某种程度上是浪费了发展企业竞争力的机会。在经济停滞甚至下滑周期，中小企业创始人不应轻易"换赛道"，而要经营好自身擅长的业务，更要有坚定的信念。

在经历多轮经济周期的全球标杆企业的领导者身上都有一个重要的素质：坚定信念，保持激情。这种信念和激情会影响到整个企业组织成员。华为就是一家将信念的管理实践做得极佳的公司。

华为的信念首先体现在战略的聚焦上。任正非曾在内部会议上说："我的精力有限、智慧有限。我能在某个细小的领域里，通过我的努力，在这个行业的认知程度超越别人一点点，就已经不容易了。要在很多个行业的认知度都超越别人，那是不可能的。既然不可能，你在原来的领域里奋斗和积累，使自己的认知能超越别人一点点，就很了不起。所以不要把你宝贵的资金和精力，投入到自己认知能力比别人差的领域里，这是自投罗网、当炮灰。"所以，华为在早期我国地产行业热门时，没有投资房地产行业，不在"非战略机会点"上消耗战略资源。即便是现在，华为依然坚持"力出一孔"的聚焦思维，并落实到战略规划与实施当中。

2020 年，任正非在《企业业务及云业务汇报会上的发言》中提到："企业业务要收缩战线，一定要有所为、而有所不为，不能面面俱到。原来确定的四个行业，不要再扩大作战面，把战略打散就没有战斗力了。因为我们是力量有限的公司，确定要做的项目就一定要做好、做精。我们要抓住一点，标准化的梯次推进，逐渐走向做厚、做多、做强。你们要抓住自己能做的领域，将兵力扑上去，扎扎实实做好，才可能真正找到比别人更好的方案。"

企业资源永远是有限的，企业领导者一定要把有限的资源用在自己最擅长的领域，聚焦于主业。将所有资源用到擅长的地方，并抵制住"所谓的机会"诱惑，这就是企业的战略定力，也是一种信念。

华为有一个名为《信念》的短片，片中有关于普通员工在工作岗位上对信念的诠释：

这个信念对一线网络服务人员来说是："用心对待客户的承诺，维护网络的正常就是最大的成功。"

这个信念对财务工作者来说是："十年十几万张票据处理，保持零差错的纪录，对细节始终如一的专注，每一次印章的落下都是一场盛大而郑重的仪式，守护就是毕生的责任。"

这个信念对一线销售人员来说是："只有客户成功了，华为才能成功！这份信念，让他们更了解当地客户、当地文化、当地生活。同时，也能让这份信念在他国生根发芽。"

这个信念对一线研发来说是："16 年坚持研究一个算法，1000 次失败或许只有一次成功，他们也愿意去为这千分之一的可能去等待、去探索、去拼搏，他们相信：唯有坚持和热爱，才能探索出更先进的技术。"

这个信念对一线生产技术来说是："从 0.1 到 0 的不良率，缩短的是微乎其微的距离，担起的却是对千万消费者的责任。当问题来了，他们没有借口，只有解决的态度。他们相信最好的产品，是对每一份期望最好的回报。"

华为能将这些信念贯彻到全世界每一个一线员工心里，离不开华为领导者们对公司愿景实现的信念。

2. 逆境中的坚韧是领导者的重要素质

面对外部环境变化的严峻挑战，很多行业都承受着巨大的压力。例如，企业在无法进行线下门店销售时如何转向线上销售，供应链受阻时如何在全球范围内寻求新的供应商，各地员工如何远程线上协同工作，如何更有效地管控成本费用等。这些经营上的种种问题均需要企业领导者坚韧地面对企业战略执行或变革的挑战。

企业战略任务普遍是具有挑战性的、需要跨部门协同完成的、变革性的、全局性的任务或项目，如开拓新市场、销售体系转型、提升新产品上市效率、集成供应链、共享人力 / 财务等，都具有该特点。而执行团队在战略执行过程中，经常会遇到 5 类"负面的组织氛围"。

1）悲观失望：在战略任务启动初期，执行团队普遍认为外部环境困难会阻碍战略任务的执行，不太相信组织能完成具有挑战性的任务，会放大困难或挫折的感受，使组织笼罩着悲观失望的气氛。

2）希望渺茫：当战略任务往前推进一步，并取得了一些阶段性成就时，执行团队中的成员可能会认为这只是"靠运气"，并仍认为战略任务"不太可能被完成"，从而感到希望渺茫。

3）心力不支：战略任务实践一段时间后，当资金和人力投入受限时，执行团队中的大多数人感到心力交瘁，不再坚持，选择放弃。战略任务在这个阶段经常会被暂停。

4）疑惑茫然：当战略任务经历了较长时间后，始终坚持的执行团队成员虽然取得了一些成果，但依然没有取得收入回报或未得到组织的认可，执行团队便开始自我怀疑。战略任务在这个阶段也会被停止。

5）犹豫不决：当战略任务经过较长时间，并取得了阶段性成果时，决策者犹豫不决，就会错失市场机会。比如新产品上市，可能会减少企业原有产品带来的利润，而决策者则会犹豫不决。

在面对这些战略执行中的负面组织氛围时，企业领导者需要体现出坚韧与乐观的态度，让团队感受到"坚持就是唯一的出路"的信念。

宾夕法尼亚大学心理学系教授、作家安杰拉·达克沃思（又名杜李惠安）在其《坚毅》一书中对"坚毅"做出了定义。她认为：天赋 × 努力 = 技能，天赋是当你投入努力的时候，你的技能能够得到多快的提高；技能 × 努力 = 成就，成就是当你努力运用获得的技能时所产生的结果。将两个公式整合：成就 = 天赋 × 努力 × 努力。所以，要想获得卓越的成就，领导者与执行团队就需要付出指数级的努力，需要在困难和挑战面前保持坚韧与乐观。

2022 年企业"转型励志故事"中的典型优秀案例之一莫过于俞敏洪带领新东方尝试转型直播带货。自 2021 年起，随着政策调整，教育行业龙头企业新东方遭遇了重大危机：企业市值在短短几个月内缩水 90%，企业面临客户大量退款、大量员工流失、现金流告急等危机。创始人俞敏洪经历了无数个不眠的夜晚后，向剩下的新东方员工表示：新东方仍然可以通过转型找到新的发展机会。在员工与外界的各种质疑和同情中，他带领着核心人员开始各种尝试，终于通过"董宇辉们"使新东方在直播卖货中稳住了脚跟。新东方创始人俞敏洪带领企业的成功转型经历，生动地展现了坚韧的精神和强大的意志力对于企业创始人的重要性。

同样，华为在战略执行上一直秉承"不撞南墙不回头，撞了南墙拱个洞"的坚韧态度。决策错了是决策者的责任，和执行者没有关系；而执行者就是要执行，不允许问为什么，不允许停下来。这是执行和决策之间的关系。华为的执行者没有借口，就是执行到底，因此战略能够迅速落地，能够由嘴上到手上，最后展现了高绩效的结果。而在战略执行过程中，作为最高决策人与创始人，任正非背负着巨大的压力和焦虑，但是他用坚韧的毅力熬过了低谷期，最终带领华为在研发创新领域取得了超越同行、领先世界的成就。

克劳塞维茨在其名著《战争论》中有一句名言："当战争打到一塌糊涂的时候，将领的作用是什么？就是要在茫茫黑夜中，用自己发出的微光，指引着你的队伍前进。"战略执行也是如此。

战略的执行，最考验的就是领导者坚韧的品质。既要给组织传递信念，更要个人付出巨大的努力和忍受常人难以承受的苦痛，才能带领队伍坚定前行，才有机会从一个胜利走向另一个胜利。

3. 战略执行如何保持定力——以企业的数字化转型战略为例

企业数字化转型是一种时代潮流，是通过信息化手段将企业的经营活动与业务流程固化在不同的软件系统中，通过自动化操作和统计，减少人为错误、提升运营效率，再结合智能决策分析、云或 SaaS 服务、物联网技术、5G 技术、社群化/社交化数据等新技术的应用，提升企业的整体竞争力。例如，SHEIN 公司借助数字化手段管理供应链，实现 3 天上市新产品，成为全球服饰行业最高效的企业之一；卫龙通过无人仓储与机器人技术，成为休闲食品领域中"黑灯"工厂标杆；华为公司通过 IPD 系统，将新产品上市周期缩短一半多。这些公司每年要投入数亿元甚至上百亿元资金来推动数字化转型。可想而知，对中小企业来说，数字化转型几乎是痴人说梦。

刚进入互联网时代时，就有专家说："做互联网会死，不做互联网在等死。"如今的数字化时代也面临着类似的状态，现在有专家会说："你的企业'上链'了吗？""做数字孪生会死，不做数字孪生在等死。"如果站在未来看现在，企业的数字化转型确实是不可阻挡的趋势，构建数字化能力是企业构建竞争力的必要手段，否则企业经营效率会落后于同行，经营成本变高，客户响应速度变慢。这就需要企业领导者有清醒的认知和坚定的推进能力。

下面摘取数字化的两个例子来说明：

1）远程协同办公。面对线下无法正常聚集办公的情况，员工需要随时随地进行远程协同，企业需要借助数字化手段，如远程会议、在线培训、线上直播营销、人机协作、全球联合网络研发等。麦肯锡发布的报告《后疫情时代经济之未来的工作》中描述：发达经济体中 20%～25% 的劳动力或将可长期每周远程工作 3 天以上。这意味着领导者必须适应与下属及员工无法面对面沟通的障碍，还要促成异地员工进行线上协作。

这就要求企业领导者接受这个现实，身体力行地带动下属管理者去拥抱远程协作办公的趋势，未雨绸缪地提升组织在这个维度的能力，进而保障组织的效率与生产力。有一家医药药物研发/生产外包（CDMO）领军企业，企业创始人在认清未来企业价值链会分布式散落于全球各地的趋势后，便积极推动企业成立了数字化工作委员会来统筹各项数字化任务，其中一项就是远程协同办公。在排除语言、工作习惯、时差等障碍后，分布在美国、欧洲及国内多个城市的该企业员工都已经可以娴熟地使用数字化的方式和工具进行办公协同。

2）线上线下融合。目前中小企业基本都会在线上开展业务，如市场推广、产品销售、供应链外包等，这就要求提升线上线下融合的数字化管理能力，尤其是针对客户的体验和互动部分。广州一家在全国拥有 5 万家门店的零售连锁企业，用数字化手段来加速线上线下融合，构建客户一致体验。经过 3 年的构建，该企业的门店管理模式不再以销售业绩为导向，而变成以客户体验为导向，向客户承诺线上下单后 30 分钟送达服务。与此同时，该企业还构建了客户兴趣社群，将产品研发构建在客户兴趣的基础上，以提高新品上市成功率。为了满足客户的兴趣，该企业还推出了客户兴趣内容库，确保有充分的内容活跃客户，并与客户建立基于兴趣的连接。在这个企业的数字化转型过程中，转型团队经历了数百次的探索、失败和坚持，顶着内部各种议论与质疑，以及不断投入但回报不及预期的经营压力，最终实现了数字化战略的阶段性落地，实现了总部和 5 万多个门店的组织转型、营销体系变革、数字化工具与系统的构建。2021 年，企业实现了年度 40% 的业绩增长，真正做到了客户、渠道、产品、服务的精准匹配，大幅度提升了客户体验。

7.3　如何抓住领导力的本质

中小企业领导者对领导力的认知可能处于一种懵懵懂懂、没有形成体系化的状态。他们期望借助标杆企业的经验来快速构建领导力，并找到一种极简、易理解且高效务实的领导力，从而让企业创始人和下属管理者的领导力能够快速提升。

1. 领导力构建标准：少即是多

领导者带领团队朝着目标坚定地执行，遇到挫折不妥协、不放弃，推动组织快速优化资源解决问题，直到目标达成，这一过程的成败与领导者的领导力高低有很大的关系。

我们访谈过的 600 多位企业创始人或 CEO，对领导力特质的描述汇总起来共有 96 种，见表 7-3。

表 7-3 中小企业创始人 /CEO 领导力访谈结果

承受能力	记忆力	无私	不居功、不诿过
洞察力	分析能力	热忱	与基层打成一片
沉着冷静	处理冲突能力	清廉	有涵养
联想力	计划能力	荣誉	服从
相貌	演讲力	忠诚	与时俱进
健康	情绪自我管理	认真	大公无私
声音	时间管理	尊重	勤奋
逻辑思维	压力管理	慎独	承认错误
幽默	利他	定力	体谅
成就欲	动手能力	脚踏实地	持续学习
乐观	鼓舞能力	仗义	能屈能伸
冒险	协调能力	奉献	守时
胆量	说服力	谦虚	进取心
授权	交际能力	节制	宽容
意志力	应用新技术能力	大度	纪律
前瞻力	自我调适能力	乐于助人	社会公德
竞争意识	调查能力	责任感	内举不避亲、外举不避仇
决断力	学习力	自我约束	公平公正
判断力	平衡能力	自知之明	重承诺
开创力	合作能力	诚信	承担责任
执着力	控制能力	积极	懂得欣赏他人
应变能力	沟通能力	正直	亲和力
组织能力	激励能力	信念	乐于接受新事物
解决问题能力	指导下属	团队精神	目标远大

注：伟略达公司 2018—2020 年研究成果。版权所有。

　　上规模的企业为了提升管理团队的领导力，基本都搭建了领导力素质模型（胜任力模型）。大部分领导力模型的能力素质项较多，平均有 7 个素质要求，甚至有的超过 10 个素质。

　　由此可见，大多数企业的发展对领导者的领导力要求可能过于苛刻与追求完美，期望领导者具备各种素质要求。然而，领导者也非完人，过于复杂的领导力素质模型使领导者连记住都困难，更别提领导力素质模型落地，其作用可想而知。尤其对于中小企业，在经营管理各方面都不成熟的情况下，更需要把领导力素质模型定义得通俗易懂、简单好用，从而实现以领导力发展推动企业初创发展。

举两个标杆企业领导力模型的案例：腾讯和SHEIN。这两家企业在快速发展阶段都采用的是以简化的方式来描述领导力和应用领导力。

（1）SHEIN 领导力素质模型（"三能"模型）

1）能辩：能换个角度看问题，有洞察还能形成自己的方法论、自己的闭环。

2）能燃：能把想法讲清楚，还能和大家达成共识、往一个方向努力，协同影响。

3）能为：能踏实做好事情的每一个细节，结果导向、有韧性。

（2）腾讯领导力素质模型（"All in"模型） 腾讯于2019年对领导力模型进行了更新和升级：

1）洞察（Insight）。

①洞悉用户，看准方向是第一要务。

②抓主要矛盾，科学决策。

2）点燃（Inspire）。

①不先问利益，主动以高效的方式协作。

②使命感召，打造最佳团队。

3）突破（Win）。

①果敢坚韧，驾驭胜局。

②追求极致，实现卓越。

SHEIN 和腾讯的领导力素质模型有惊人的相似之处：

1）"能辩"与"洞察"：需要有自己的思考和洞见，科学决策，引领方向。

2）"能燃"与"点燃"：能够点燃、感召和赋能他人。

3）"能为"与"突破"：结果导向，最终实现突破，有所为。

其内在逻辑与阿里巴巴的"一张图、一颗心、一场仗"也是相通的：想清楚团队目标，描绘和共识一张图，彼此想到一块；凝聚和点燃团队，彼此心在一起；抱团攻坚，实现突破，取得一场仗的胜利。

大道至简，领导力底层核心内核都是相通的。企业要抓住最核心的、能让领导者践行的领导力模型，而领导者与管理者以此不断打磨自己，指引自己，推动公司战略执行落地。

2. 极简领导力的三个维度

领导力的内核简化到最后剩下的是什么？

关于领导力的定义，有很多版本，但能让人记住的并不多。库泽斯和波斯纳（James Kouzes & Barry Posner）在《领导力挑战》一书中把领导力定义为："领导力就是动员他人，为了共同目标而努力奋斗的艺术。"实际上，《领导力挑战》一书中指出领导力的前提是以"他人"为作用对象，一定要面向他人和目标；而企业共同的目标则是指向达成的结果。领导者和管理者的关键动作就是"动员"，即大家为了"共同目标而努力奋斗"。

结合上述定义和企业对领导力素质模型的分析，很好地诠释了"领导力"这三个字的内涵与本质："领"是引领，"导"是辅导，"力"是激励。

"领导力"价值不仅仅应用在人才选拔上，更重要的是对领导者的牵引作用。

根据多年"领导力培养"的实践经验，我们认为通常领导者能记住的领导力模型包含3项要素，超过3项一般容易遗忘。如果构建领导力模型的要素过多，模型就失去了价值。因为定义不恰当，领导者和管理者内心不会有这方面的要求。

科学领导力模型应是能让管理者记得住和用得上的模型，这尤为重要。我们将"领""导""力"三个字定义为三维领导力模型。

"领"是引领，提升愿力。领导者要具备战略思维和极强的使命感。领导者是旗手与舵手，既要能在黑暗中点亮一盏明灯，描绘愿景，又要制定明确目标，为团队树立信念和指明方向。

"导"是辅导，提升能力。领导者应该是一名教练，培养好的下属、赋能团队、打造团队能力。

"力"是激励，提升动力。奖励认可、点燃员工、提升员工动力。

领导者通过"三维"领导力，可以打造出"三力"高效团队，如图 7-3 所示。

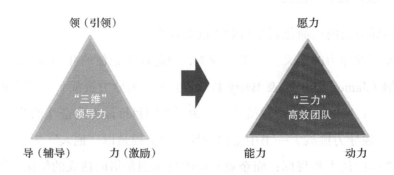

图 7-3　伟略达极简领导力模型

注：伟略达公司 2018—2020 年研究成果。版权所有。

（1）愿力（领）——引领团队方向　在战略执行过程中，领导者最重要的是要坚定地引领团队方向。企业领导者在企业转型过程中可能会感到迷茫和焦虑，因此盲目学习、不断折腾。领导者如果缺乏战略思维，就不知该如何引领团队方向，事倍功半，消耗大量的组织资源而无法达成既定目标。

在战略执行过程中，领导者首先要清晰地为团队回答"Why"（为什么）和"Where"（去往哪里）两个问题。其中，"Why"对应的是使命和愿景，如果团队成员没有看到企业的使命和愿景，员工的注意力就会更多停留在工作的利益，而不是工作的意义上；"Where"对应的是方向和目标，如果员工没有目标，就会像"提线木偶"一样，推一下动一下，而领导者就会很忙，而且无人可用，越忙越穷。

1）使命和愿景：描绘未来美好蓝图。当战略规划完成，企业会形成一个向上且向善的愿景，而领导者要学会的是如何将愿景翻译成员工心中的蓝图。愿景被实现是鼓舞人心的，但这幅公司蓝图要让员工感到是可行的，并且与员工个人是息息相关的。描绘蓝图场景不能是"画大饼"，更不能是"放之四海皆准"的空洞口号，而是要符合企业自己独特的组织氛围和实际的眺望，是可预见的、可期盼的，也是具有挑战性的。

一个领导者在描述未来美好蓝图时应是充满激情的、坚定的、有切身感受的、令人向往的、有虹吸效应和极具影响力的。

深圳波塞冬科技有限公司是一家从事渔具等户外产品销售的跨境电商，创始人及下属管理者在战略共创的方法引导下，一起共创了公司的愿景——成为全球户外运动引领者，共筑地球"心"守护。该愿景让大家都感到兴奋，它符合前文提到的"企业会形成一个向上且向善的愿景"的原理：向上体现在"成为全球户外运动引领者"，打造令人骄傲的中国品牌；而向善体现在倡导绿色环保的理念，共筑地球"心"守护。

2）方向和目标：明确清晰的方向和目标。在战略执行过程中，领导者管理的重心是坚定明确方向和要达成的目标。当企业战略发展需求与当前企业的组织能力匹配时，领导者要重结果而非过程；当企业组织能力不足时，领导者抓过程是有必要的；当企业出现高速成长 / 逐年下滑的情况时，企业内部都会出现许多问题和冲突，此时领导者要敢于拍板和决策，给团队一个清晰明确的方向，不能让团队感到迷茫和不知所措。

团队目标的制定不能大而空，而应是清晰、聚焦、可执行的，使团队成员相信并愿为之而努力。那么领导者该如何帮助下属明确清晰的目标？可采取以下措施：

①在制定清晰目标的同时，定义明确的行动策略。

②与团队一起讨论，使员工对目标更有承诺感。

③采用目标与关键成果（Objective and Key Results，OKR）团队目标管理工具。

④定期与团队复盘目标执行状况，并及时纠正错误和提示风险。

（2）能力（导）——赋能团队能力　在战略执行过程中，除了关注目标，更要关注团队的成长。领导者的重要使命之一就是将个人能力转化为团队能力、持续赋能团队、提高人才密度和打造卓越团队。

1）以身作则：为员工树立楷模。领导者要身先士卒、率先垂范，成为团队的榜样。榜样的力量是无穷的，领导者需要言传身教，不仅讲述方法，更要做出样板，将其中需要的能力、方法、技巧、行为赋能给团队。

2）辅导和反馈：帮助员工提升能力。谷歌公司有一个"氧气计划"（管理行为要求），第一条就是"成为一名好教练"。如果员工不成长，整个团队永远只能是低水平运作。所以，领导者应该多一些及时的指导和建议，多一些复盘和反馈，少一些批评和指责。

（3）动力（力）——提升团队动力　激励团队是战略执行过程中的一个重要环节。一辆汽车在公路上行驶得快慢主要取决于驾驶员给它加的油量多少，而员工就像汽车一样，其工作效率与激情与领导者的激励行为有直接关系。员工工作时是"精神百倍"，还是"摸鱼混日子"，取决于领导者有没有点燃员工和团队。

1）期待和授权：信任下属。回想一下我们自身过往的成长与发展历程，他人的期待往往是成长过程中重要的力量源泉。这些期待可能来自父母、老师、另一半，甚至是社会。同理，领导者向员工传递合理的高预期，愿意相信他们的主动性、相信他们会成功，那么员工收到这份期待后，往往会充满动力，不想辜负领导者的期望。领导者通过授权传递的是信任，"以终为始"管理目标和标准，而过程则放手让员工去做。这种权力和自由让员工更自在，也更具动力。

因此，对员工的预期、信任和充分的授权，能极大地调动员工的内驱力，让他们自动往前走。

2）奖励和认可：及时激励当下。领导者的激励看似简单，其实做得好的企业并不常见。

下面介绍三家企业的案例，它们的创始人在激励员工上都做得不尽如人意：

A 公司：创始人销售出身，做事雷厉风行，对员工要求苛刻，达不成目标就扣钱，而达成目标没有奖励。

B 公司：创始人理工科出身，为人不苟言笑，要求严格，很少表扬员工，导致员工都敬而远之。他在年底时会给员工发奖金，但这种激励效果并不好。

C 公司：创始人学历不高，在企业内部注重"家"的文化，愿意给员工直接激励（发奖金），甚至给优秀员工股份激励。但当业绩下滑时，养成"拿钱"习惯的高管就摆出"没钱我就不干活"的姿态。

这些公司分别表现出不同的激励问题：A 公司只罚不奖，缺乏正面激励；B 公司缺乏及时的认可，让员工受挫；C 公司不懂激励体系，盲从"钱散人聚"，但没有想到"人因利而聚，也会因利而散"的人性问题。

对于每个人的成长来说，激励和认可是一种基本需求，就像人需要吃饭喝水一样。而激励的手段有很多，大致可分为两类：物质激励类，如薪酬、奖金、小礼品等；非物质激励类，如表扬、晋升、荣誉等。

此外，还有长期激励和短期激励的分类方式。

这些激励都可以激发员工对工作的热情。领导者在实施激励时还要注意两点：

1）缺乏针对性，没有给予员工想要的激励。

2）无激励习惯，不能及时给予员工激励。

针对员工日常工作的小进步，领导者要发自内心地及时给予其一些表扬和认可，这看似简单，却很有效果。

领导者的"领""导""力"本质是极简的：从引领、辅导、激励这三个维度来不断提升团队的愿力、能力和动力，就可以打造出卓越团队，推动战略有效执行。

7.4　创始人和高管需要什么样的教练

越来越多的领导者发现，在面对极具挑战的商业环境和竞争时，需要从企业外部寻找合适的教练来辅导自己和团队。不同于一般心理辅导意义上的教练，企业教练（Enterprise Coach）特指面向领导者（企业创始人和下属管理者），对企业发展重大问题提供辅导的教练。企业教练可以是一个人，也可以是一个团队。

企业教练的作用大体分为三个方面：

1）具有扎实的技能与实践经验，可以指导企业创始人和下属管理者去解决没有遇到过的问题，少交学费、少走弯路。

2）能够从"局外人"的角度，客观地指出企业创始人和下属管理者存在的问题，就像一面镜子一样，给他们反馈与成长建议。

3）可以成为企业的智囊，帮助企业通过相关有效的方式，找到一些关键问题的答案或者助力的重要资源。此外，还可以明确企业发展战略并培养与战略匹配的组织能力。

1. 华为为什么聘请 IBM 做教练

华为在 1998 年营业额是 47 亿元的时候，任正非曾自嘲华为只是一家小作坊公司，而且有很重的官僚机制，企业文化僵化、落伍。当任正非接触到 IBM 的管理体系后，发现欧美企业已将过去 100 多年的科学体系总结并落地，并取得成功。由此给任正非带来启发：对标标杆，减少自我摸索的试错成本，通过导入科学体系，企业可以少走弯路并实现快速发展。于是，他决定引入 IBM 进行咨询，并在其中确定了几位资深的人员充当企业教练的角色。

1998 年，IBM 的团队从外部和内部的视角梳理，明确了当时华为一系列重要的战略转型决策点，并帮助华为锁定了大量的体系化问题：

1）客户需求预测不精确，缺乏准确、前瞻的客户需求关注，经常陷入低价低质的恶性竞争。

2）产品卖得越多，亏损越严重；有大量的应收账款，这限制了业务发展速度和团队扩张速度，并且财务风险居高不下。1997—1998 年期间，收入同比增长 40%，而毛利率却同比下降了 40%。

3）流程割裂，没有跨部门的端到端结构化流程，部门之间靠人工衔接。

4）组织上存在本位主义，部门墙高耸，各自为政，造成内耗。

5）团队专业技能不足，作业不规范。

在 IBM 咨询团队完成体系化诊断并给出战略转型路径建议之后，任正非果断决定花费重金，拜 IBM 为师开始了华为的转型改革之路，这也为华为后期的高速发展奠定了坚实的基础。

从 1999 年开始，华为就启动了集成产品研发（IPD）等 13 个相关项目，每个项目都有 IBM 的顾问参与，其中高级顾问无形中就成为华为高管团队的企业教练。经历 5 年的组织、流程、信息化、数据治理的迭代和变革之后，华为发生了翻天覆地的变化，最为明显的就是产品上市周期缩短一半以上。

华为 IPD 项目自从启动之后，进行了 10 次以上的迭代和升级，见表 7-4。2009 年，研发体系能力的提升助力华为实现了全球 500 强的梦想，直到现在，华为还在不断优化 IPD 等各个体系。

表 7-4　华为 IPD 建设历程

时间	IPD 建设历程
1999	IPD 项目启动，完成"动员及关注阶段"进入"发明"阶段
2000	建立 IPD 管理体系雏形，组建第一个 IPMT，成立试点 PDT
2001	正式发布 IPD 管理体系，任命 IRB 和各产品线 IPMT，引入并启动 TPM 评估
2002	根据试点优化后的 IPD 2.0 发布，进入"推行阶段"
2003	IPD 与 CMM 结合建立技术管理体系，组建 BMT、PMT、RMT、解决方案管理团队
2004	IPD 流程细化生命周期阶段，明确了华为生命周期管理业务模式
2005	IPD 与 MM、OR 对接定义使能流程（如 MPP、集成配置器、定价、观点管理等），实现了 IPD 端到端流程的衔接
2006	明确流程活动合并与裁解原则，在核心流程中落实了 UCD，依赖管理项目的成果开发解决方案流程
2007	增加分层级 IPD 流程评审体系
2008	与 GMS 分层分级融合发布 IPD 6.0，明确了决策授权原则集成四大攻坚战项目成果（资料、BETA、LMT），加入全球化、节能减排的要求
2009	明确平台走 IPD 流程、信息安全融入 IPD，落实 ESP、GA 项目，优化成果和技术体系团队，产品线子公司按照分层分级要求运作

资料来源：伟略达合伙人吴凯（前 IBM 华为项目成员 / 前华为员工）。

从任正非在 1999 年决策将华为未来 5 年的利润用于请教练的决心可以看出，真正想让企业基业长青的企业家，都会投资核心竞争力和可持续发展体系的建设。

很多欧美老牌企业，包括 IBM 公司也经历过这一过程：请咨询公司或企业教练加速战略决策、引入最佳实践体系、推动组织变革、提升领导力等。在国外，企业聘请企业教练是重视高管所做贡献，并愿意在高管身上投资的标志。《未来的领导者》一书的作者马歇尔·戈德史密斯（Marshall Goldsmith）认为："在企业转型和变革时期，当需要团队行为发生改变时，领导者就需要企业教练。"

在我国，多数大型企业都体验过世界优秀咨询公司的咨询服务，例如，能源行业、金融行业、电信行业等都采购过咨询服务。多数中小企业创始人谨慎聘请企业教练，主要有三个原因：

1）跨国咨询公司的费用会让中小企业望而止步，所以大多数中小企业无法接触到这些高端服务，只是聘请本地培训公司或咨询公司为其服务。

2）教练服务难以量化价值，而中小企业通常以价格或结果为导向，而非以价值为导向。

3）部分互联网知识付费价格非常低，有的甚至免费，知识版权缺乏保护，大量的在线课程成为中小企业的一种选择，所以知识获取的成本越来越低。但这些知识都是标准化和碎片化的，难以体系化和个性化落地。

4）中小企业创始人认为自己的能力可以满足企业发展的需求，不需要企业教练。

所以，当中小企业创始人遇到企业发展问题，如何突破瓶颈和如何选择企业教练，是一个战略选择问题。

2. 企业创始人和高管如何选择企业教练

由于企业教练缺乏评定的专业标准，教练从业人员的背景各有千秋，有的是从大公司离职的高管，有的是培训机构的教师，有的是心理学老师，有的是大学老师，有的是咨询顾问，有的是企业家，有的是投资人等，这使得企业教练的从业者鱼龙混杂。除了专业技能与服务质量不同，收费价格也是参差不齐，收费从每小时几百元到数万元都有，有的甚至高达 1 天 200 万元人民币。

此外，前文提到企业教练难以量化服务价值。企业教练并不能承诺经营结果，就像足球教练无法承诺进球一样，因为"运动员"是企业 CEO 或高管自身，这更增加了企业选择教练的难度。因此，企业选择教练的标准就非常重要。

以下是关于企业教练更加深层次的分析，一定程度上也是企业选择教练的标准。

企业教练是咨询行业中非常小众的一个细分行业，是一种有高附加价值的咨询服务。

1）不仅提供"教练技术"服务。"教练技术"的作用主要是启发CEO或高管自己去"悟透"，这也是企业教练服务的工具之一，但企业教练服务与市场上的"教练技术服务"不同，更强调的是培养CEO和高管掌握支撑企业制胜战略的体系架构和落地能力。

2）不仅提供"培训"服务。企业教练与市场上的培训不同。市场上的培训只负责"知识传递"，而企业教练还要负责"鞭策和纠偏"，以及导入"量身定制的工具和方法"，有时还要手把手实战演练。

3）不再是"代工式咨询"。企业教练与传统咨询不同，传统咨询项目是要定义明确的工作范围，并由资深顾问加新手顾问来完成3~6个月的PPT交付工作，这种传统模式称为"代工式咨询"模式。企业教练与"代工式咨询"的不同之处在于：将企业高管和干部当成咨询顾问来训练，由他们来完成咨询交付成果，教练负责纠正交付成果，而这对企业教练的要求较高。最关键的是不能约定详细工作范围，因为中小企业发展中遇到的问题是动态的，而工作范围所约定的是解决静态的问题，是用来保护咨询公司的，所以对企业教练的背景和经验就有较高的要求（具体参考下文描述）。企业教练应该需要从四个层面来帮助企业实现战略的有效执行，如图7-4所示。

企业教练的服务对象不是企业创始人或CEO，还包括高层和中层管理者。

1）企业创始人或CEO。有些企业创始人既要承担董事长的工作，又要兼任CEO、CXO等职位，对公司管理"摸石头过河"，难以将所学知识转换落地，缺乏体系化思维。企业教练要帮助企业创始人或CEO构建体系化思维的习惯和掌握战略落地所需的体系架构能力，这是构建企业竞争力的关键能力之一。

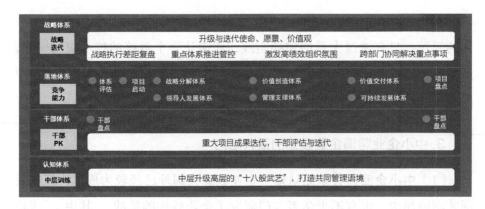

图 7-4　战略落地体系的企业教练服务模型

注：伟略达公司 2018—2020 年研究成果。版权所有。

2）高层管理者。中小企业的高管，如首席营销官或营销总监（CMO）、首席信息官 /IT 总监（CIO）、首席人力官或人力总监（CHO）、首席财务官或财务总监（CFO）等普遍缺乏战略与全局思维，企业教练要培养他们的体系化架构和落地能力，重点需要通过实战实现。

3）中层管理者。企业教练要培养中小企业的中层管理者升级为高层所需具备的"十八般武艺"[⊖]。此外，统一中层管理者对战略的认知是企业教练服务其中的一项重要内容。

基于我们的经验，为确保企业战略的落地，作为企业教练必须具备如下经历：

1）超过 10 年顶级国际咨询公司专业服务经验。这样才能掌握全面的科学体系方法，拥有丰富的咨询经验，有足够多的企业服务案例，可以快速帮助企业家看到盲区和不足。

2）至少 5 年以上企业变革实操经验。这些实操经历让企业教练真正具备同理心，能感同身受而不是"只顾不问"，能真正理解企业家背后的真实诉求。

⊖　"十八般武艺"是指中层升级为高层的十八项管理能力，是通用能力，由伟略达人才发展体系所定义。

3）5年以上的教练经验，并熟练掌握教练技术。每个企业都有个性化的问题，只有通过大量的辅导实践，才能让一个教练的技术应用娴熟，从面向个体延伸至面向组织和核心人员。教练只有成为一个企业的"老中医"，才能"精准把脉""正确开方"，并让企业"科学服用"。

3. 中小企业聘请企业教练的最大阻力

（1）**中小企业高管缺乏认知**　企业教练在国外已经较为成熟，但在我国才刚刚起步，也有不少学者专门研究了企业教练的挑战。其中，《成功人士的七大陷阱：聪明的高级经理人为何会失败》（*Why Smart Executives Fail: and What You Can Learn from Their Mistakes*）一书的作者悉尼·芬克斯坦（Sydney Finkelstein）用六年的时间研究了很多失败的案例。他得出的结论是，多数失败的高管或"空降兵"具有类似的致命习惯——自负。主要原因是企业高薪挖来高管之后，对方从心里想要证明自己被"挖"的价值，而这个时期的自信属于自负，自以为是、目中无人，其结果正是悉尼·芬克斯坦研究的——"失败"。

同时，在《避开错误决策的4个陷阱》（*Think Again: Why Good Leaders Make Bad Decisions and How to Keep it From Happening to You*）一书中，悉尼·芬克斯坦提出了CEO（职业经理人）失败的11个关键因素，其中大部分因素与"傲慢"有关，即由过度自信导致的傲慢或自负。书中表明，强大而成功的领导者常常不信任他人或觉得自己不需要他人的建议。

《哈佛商业评论》的一篇文章《调查：CEO真正希望从教练服务中得到什么》（*Research: What CEOs Really Want from Coaching*）中描述，斯坦福大学商学院在2013年前完成了一项针对200位CEO（职业经理人）、董事会的董事和其他高管人员的调查，调查内容是"他们如何获得和吸收教练的建议"。调查结果显示，2/3的CEO（职业经理人）没有接受外界的指导或领导建议。因为空降CEO（职业经理人）要证明自己是强者，所有外部的建议对 CEO（职业经理人）来说都属"可有可无"。

在我国，中小企业创始人需要企业教练成为其代言人，委托教练推动组织调整或"敲打"高管。然而，一旦企业教练成为这样的角色，就容易被高管抵触，会因此抗拒企业教练的帮助，甚至有的高管会说服创始人放弃企业教练。

（2）**市场缺乏"全科教练"**　在我国的知识付费平台上，可以看到，市场缺的不是教练，而是企业级别的"全科教练"。企业教练不只针对企业创始人，还要针对一个组织，更必须落地实施，所以各方面能力都要强。然而，各方面都强的人却不太愿意从事教练职业。这样的全科教练当前在中国比较缺乏。

（3）**企业教练缺乏行业标准**　中小企业通常请企业教练就要求当期出结果，市场上就会出现各种"速赢""免费模式""成功学""业绩对赌"等服务来满足中小企业创始人的需求。在企业教练市场上还有很多这样的例子，中小企业创始人无法辨识教练的优劣，经常遇到"庸医"或骗子，缺乏识别和衡量专业教练的标准，只能凭教练的背景判断。

4. 如何衡量企业教练的投资回报

（1）**全球顶级企业教练的案例**　企业创始人最关心的问题之一就是企业教练的投资回报率。在欧美发达国家，很多百年家族企业接受企业教练服务的价格是在每天 10 万～100 万美元。

谷歌前董事长兼首席执行官埃里克·施密特（Eric Schmidt）在《成就》（*Trillion Dollar Coach: The Leadership Playbook of Silicon Valley's Bill Campbell*）一书记载了硅谷顶级企业教练比尔·坎贝尔（Bill Campbell）所辅导企业 CEO 和高管的经历和感受，他所辅导的高管包括苹果公司联合创始人史蒂夫·乔布斯、Facebook 创始人马克·扎克伯格等知名 CEO。

书中描述了作者埃里克·施密特的感受：如果我意识到我可以信任他

（教练），并且他可以帮助我拓展视野，这就是对我最大的价值。尽管我知道优秀教练的成本并不便宜，但与 CEO 的决策相比，钱不是问题。如果您有一个新的视角，如果您对团队 / 董事会和市场感觉更好，那么您将获得真正的价值。

2001 年，当埃里克·施密特"空降"谷歌就任首席执行官的时候，曾与谷歌联合创始人拉里·佩奇（Larry Page）和谢尔盖·布林（Sergey Brin）产生矛盾，在乔布斯的建议下，谷歌尝试聘请坎贝尔帮助三人调和矛盾。也因此，坎贝尔成为唯一一位非董事却参加谷歌周一全体高管例会的人。

在获知坎贝尔逝世的消息后，施密特对《华尔街日报》表示："整个行业没有任何人像他那样有如此大的影响了。要记得，他可是推动乔布斯不断前行的人。他是乔布斯的教练、朋友、守护者与灵感之源，乔布斯对他的信任超过了其他任何人。"

施密特还回忆了坎贝尔早期在谷歌工作过的日子。他说："每次开会的时候，坎贝尔都会亲切地拥抱会议室里的每一个人。在坎贝尔的身上似乎有一种不可思议的能力；他能为公司的特定职位甄别出最合适的人选。除此之外，坎贝尔还帮助成立了谷歌公司的董事会，并在培育公司的企业文化上做出了不可磨灭的贡献。"

苹果现任首席执行官蒂姆·库克（Tim Cook）也在 Twitter 上说："坎贝尔是这个世界上少数的、在大家都没弄明白苹果的时候就相信苹果的人。"

从他人对坎贝尔的评价中可以看出，作为企业教练有两个价值观很重要：长期主义和利他之心。

（2）国内企业教练案例

案例 1：实施阿米巴 5 年的企业错失发展良机

该公司有 20 多年历史，总部位于广东，专注于生产家居用品，历年的营业规模不超过 5 亿元。对标同行，与其同期创办的企业已经上市，营业规模已经超过 100 亿元。

2018 年，该企业创始人与一家阿米巴咨询公司合作，建立了阿米巴体系，成立了 5 家品牌公司，分别拥有设计、研发、线上/线下销售、客服团队、仓储物流团队。集团有财务、IT、人力、采购、创意中心等部门支撑这 5 家品牌公司，为了更好地核算各经营体的财务数据，还花了 600 多万元实施了 SAP 系统。

企业教练介入之后，经过系统诊断发现，这次转型有以下问题：

1）因为 SAP 系统的实施不到位，很多数据没有集成起来，还需要大量的 IT 人员不断开发。

2）因为数据没有有效集成，需要大量的财务人员去核算各经营体的成本，导致集团的财务团队有 20 多人。

3）5 家品牌公司都有设计师、线上运营团队、客服人员、库管员等同质化团队，导致人员重复建设，公司整体人效偏低。

4）每个品牌公司 CEO 的考核方向都是业绩导向，他们追求快速见效的产品，所以产品研发工作基本都是由研发设计团队去找市场畅销的产品模具，然后在包装和配件上做局部调整后就上市了，导致集团产生了近 1 亿元的库存和滞销品。

5）企业创始人不愿意承认该战略转型失误。每当谈到此话题时，创始人会说："我们在这个行业耕耘了 20 多年了……我们公司有自己的特点，你们能否在此基础上优化我们自己的体系？"言下之意即"你们不懂我们行业，不要否定之前我的决策"。

作为企业教练，当然不会放过这些"病根"，经历 6 个月，通过三轮恳谈和新体系的导入，逐步帮助企业创始人和核心干部认识到阿米巴与本企业并不匹配。通过企业教练的帮助，在年底复盘和次年年度战略规划中，该企业终于从战略和组织上彻底废除了阿米巴运营机制，并采取了以下措施：

1）整合线下销售渠道。

2）整合线上销售渠道。

3）优化冗余建设的团队近 70 人。

4）构建私域运营体系，聚焦产品创新和爆品成功率。

5）对原 5 家品牌公司重新定位，只考核爆品成功率。

企业教练 6 个月的服务为这家企业节省了数百万的成本，还割掉了一个管理体系上的"肿瘤"。如果不废除阿米巴所带来的沉重枷锁给企业造成的内耗，这家企业的市场份额极有可能会被其他敏捷的新锐企业吞噬。假设该企业 5 年前将战略重点聚焦在品牌和融合渠道的发展，现在或许已经走上资本市场。

首先，我们肯定阿米巴是一种极好的工具，但实施阿米巴是需要有前提和条件的。提出阿米巴的稻盛和夫在加入日本航空集团（简称日航）后，发现日航亏损的根本原因有大公司病、官僚化、组织毫无生气等，于是进行了系列改革。其中最重要的一项改革就是：把日航拆成独立核算的经营体，以此来激活组织的活力。而稻盛和夫将此改革的过程和经验总结为阿米巴。因此，阿米巴的使用前提是"将大公司做小"。但有不少企业引入阿米巴的目标却是"把小公司做大"。当实施前提出现了不一致时，生搬硬套阿米巴会导致很多企业"误入歧途"，既浪费了资金，又浪费了时间和市场机会。

很多企业的领导者不愿意面对自己的决策失误，陷入"认知进化"的陷阱中，从而使公司发展停滞，更有甚者会陷入倒闭风险。所以在战略决策中，领导者敢于承认过往的错误决策，是其认知进化的关键，也是其提升领导力的前提。同时，这也是企业教练辅导创始人或高管的重要内容。

案例 2：地方性集团企业多元化战略落地

BY 控股集团有限公司成立于 1993 年。经过近 30 年的快速发展，逐步实现了跨行业、跨地区、多层次、多功能的全面发展，现已成长为囊括商业地产开发、电器连锁经营、酒店连锁经营、物业管理、物流仓储、矿山能源、金融投资等多业态的大型企业集团。

各业态之间相互支持、相互衔接，形成了一条具有通用特色的良性发展产业链。集团旗下拥有 10 多家子公司，解决了近 3000 人的就业，成为一支促进地方经济发展的重要力量。企业以"做中国最好的服务型企业"为发展目标，秉持"诚信、担当、激情、共享"的企业精神和"一切为客户着想"的经营理念，坚持为用户提供优质的商品和满意的服务。致力于打造行业领先、社会尊重、员工自豪、具有核心竞争力的集团企业。

企业创始人为兄弟两人，哥哥是董事长，每年花大量时间学习，参加各种各样的培训班，知识面相当广，为人谦逊和利他，主导着公司战略、人力、投资和对外关系。弟弟是总裁，主要抓战略落地和经营执行。兄弟两人始终觉得公司的发展存在着重大的问题，但是抓不住核心问题是什么。

2018 年，该企业董事长邀请企业教练上门诊断，经过诊断发现以下问题：

1）企业治理结构不清晰，因人设岗，根据人才能力来定义职责边界。

2）集团战略规划缺失，把每年的经营计划当战略。

3）集团旗下的电器销售公司、手机销售公司等线下传统业务连续几年亏损；1 亿多元的住宅楼盘销售不出；酒店和工业公司业务仅维持略有盈利。

4）企业每年都在北京、深圳、上海等地寻找投资项目，但基本都以失败告终。

5）2018 年投资一家广州的科技公司，这家公司的操盘手生性多疑，且没有任何企业管理经验。产品上市后，一直都无法打开销售局面。为了拯救这家公司，集团董事长不忍，便主动到广州担任此公司的 CEO，每月大部分时间都在广州，而集团的经营和管理就基本全部委托给总裁来负责。

6）总裁抓得很细也很严格，执行力超强，尤其在资金管理上，对任何不合理的费用，即使金额不大，如果说不出理由，都会责怪当事人的领导，所以公司人人都惧怕召开经营分析会。

7）集团的管理班子中很多都是"70后""80后"的"老臣子"，经过访谈，发现很多人基本都没有战略思维，缺乏全局观和领导力。

之后，企业教练辅导他们分析发现问题的根因如下：

1）不是董事长不懂战略，而是管理班子能力不足，无法理解董事长的战略。

2）不是当前业务板块没有业绩机会，而是现有领导者没有充分挖掘业绩增长机会点。

3）不是没有人才，而是总裁不会带团队，只会批评，不给方法，导致团队经常走弯路，付出巨大努力后没有结果，很多人才在这种组织环境下被埋没了。

4）不是没有科学方法，而是到处学方法，却不成体系。员工不知所措，最终"搬起石头砸了自己的脚"。

诊断结果让创始人团队打开了认知，两兄弟决定在企业教练的帮助下，进行全集团范围的变革：不仅是集团战略方向的转型，各控股子公司都需要做业务战略的转型。

企业教练经过与董事会一天的碰撞，决定与该企业经营班子进行为期三天的战略共创工作坊。

第一天：召开变革启动会"改变的力量"，赋予组织活力，唤醒潜力干部的斗志。

第二天：重新定义集团的愿景、使命、价值观和战略目标。

第三天：识别重点战略任务与任命责任人。

在整个战略共创工作坊过程中，八大流程工具实现了战略落地拉通，创始人与核心干部等所有参与人员对公司战略达成上下一致的目标。同时，现场教会了团队使用一些咨询顾问使用的复杂工具。最终，企业管理班子形成的战略转型方向和目标是向工业转型，2021 年实现 50 亿元销售收入，同时梳理和决策了六个战略项目：

1）投资化工项目，三期投产后达到销售收入 42 亿元。

2）成为当地"低硫主焦煤"洗煤企业第一名，2019 年达到销售收入 3 亿元，3 年后达到销售收入 10 亿元。

3）打造"红色样板房"，实现精准营销，完成 1 亿元库存楼盘的资金回笼。

4）经济连锁酒店提供"尖叫"服务，提升企业客户的复购率至 40%。

5）快速到位核心人才和提升管理者领导力。

6）打造线上销售团队，提升电器、手机业务板块的库存周转率。

除了化工项目由总裁亲自挂帅之外，第 2）～6）项战略项目分别落到 5 位子公司 CEO 的身上。

企业教练又在第二个月分别为其中 4 家子公司设计和实施了为期三天的战略落地工作坊，形成了相应的落地任务、责任人以及绩效指标。

以旗下洗煤厂为例：该洗煤厂营业收入不到 1 亿元，而当地洗煤企业大大小小有 30 多家，平均每家营收在 3000 万～5000 万元，毛利较低，行业进入门槛也很低。因为环保要求，煤炭需求量下滑，同时对煤的品质要求更高，但大部分洗煤厂的工人缺乏责任心，也无法沟通和理解绩效管理等这些管理工具，只关注自己的收入。

企业教练在辅导过程中，与核心管理团队共同设计出了简单粗放而"接地气"和实用的绩效机制：

1）废除早班打卡机制，采用早上 6 点抢红包的方式，每月新增 3000 元预算费用。

2）每个角落都安装摄像头，CEO 办公桌的正对面就是这些监控画面，一抬头就能看到工厂每个角落的情况。

3）一旦发现严重违规行为，重罚 5000 元，等同于一个工人 1 个多月的工资。

4）一旦有工人表现卓越，经过其上级评估后可以拿到不同金额的红包奖赏，每月新增约 1 万元激励费用。

到 2019 年年末，洗煤厂的营业额达到了 8 亿元，实现了 8 倍业绩增长，当地最好的洗煤工人都排着队想进入该集团旗下的洗煤厂。

参考文献

[1] 博西迪，查兰，伯克.执行：如何完成任务的学问 [M].刘祥亚，等译.北京：机械工业出版社，2011.

[2] 王钺.战略三环：规划、解码、执行 [M].北京：机械工业出版社，2020.

[3] 库泽斯，波斯纳.领导力：如何在组织中成就卓越 第 5 版 [M].徐中，周政，王俊杰，译.北京：电子工业出版社，2013.

[4] 查兰，德罗特，诺埃尔.领导梯队：全面打造领导力驱动型公司 原书第 2 版 [M].徐中，林嵩，雷静，译.北京：机械工业出版社，2011.

[5] 彭剑锋.人力资源管理概论 [M].上海：复旦大学出版社，2005.

[6] 加德纳.论领导力 [M].李养龙，译.北京：中信出版社，2007.

[7] 莱斯.精益创业：新创企业的成长思维 [M].吴彤，译.北京：中信出版社，2012.

[8] 杨国安，尤里奇.组织革新：构建市场化生态组织的路线图 [M].袁品涵，译.北京：中信出版集团股份有限公司，2019.

[9] MCCLELLAND D C. Testing for competence rather than for "intelligence" [J]. American psychologist，1973（28）：1-14.

财务知识轻松学

书号	定价	书名	作者	特点
71576	79	IPO财务透视：注册制下的方法、重点和案例	叶金福	大华会计师事务所合伙人作品，基于辅导IPO公司的实务经验，针对IPO中最常问询的财务主题，给出明确可操作的财务解决思路
58925	49	从报表看舞弊：财务报表分析与风险识别	叶金福	从财务舞弊和盈余管理的角度，融合工作实务中的体会、总结和思考，提供全新的报表分析思维和方法，黄世忠、夏草、梁春、苗润生、徐珊推荐阅读
62368	79	一本书看透股权架构	李利威	126张股权结构图，9种可套用架构模型；挖出38个节税的点，避开95个法律的坑；蚂蚁金服、小米、华谊兄弟等30个真实案例
70557	89	一本书看透股权节税	李利威	零基础50个案例搞定股权税收
62606	79	财务诡计（原书第4版）	（美）施利特 等	畅销25年，告诉你如何通过财务报告发现会计造假和欺诈
58202	35	上市公司财务报表解读：从入门到精通（第3版）	景小勇	以万科公司财报为例，详细介绍分析财报必须了解的各项基本财务知识
67215	89	财务报表分析与股票估值（第2版）	郭永清	源自上海国家会计学院内部讲义，估值方法经过资本市场验证
58302	49	财务报表解读：教你快速学会分析一家公司	续芹	26家国内外上市公司财报分析案例，17家相关竞争对手、同行业分析，遍及教育、房地产等20个行业；通俗易懂，有趣有用
67559	79	500强企业财务分析实务（第2版）	李燕翔	作者将其在外企工作期间积攒下的财务分析方法倾囊而授，被业界称为最实用的管理会计书
67063	89	财务报表阅读与信贷分析实务（第2版）	崔宏	重点介绍商业银行授信风险管理工作中如何使用和分析财务信息
71348	79	财务报表分析：看透财务数字的逻辑与真相	谢士杰	立足报表间的关系和影响，系统描述财务分析思路以及虚假财报识别的技巧
58308	69	一本书看透信贷：信贷业务全流程深度剖析	何华平	作者长期从事信贷管理与风险模型开发，大量一手从业经验，结合法规、理论和实操融会贯通讲解
55845	68	内部审计工作法	谭丽丽 等	8家知名企业内部审计部长联手分享，从思维到方法，一手经验，全面展现
62193	49	财务分析：挖掘数字背后的商业价值	吴坚	著名外企财务总监的工作日志和思考笔记；财务分析视角侧重于为管理决策提供支持；提供财务管理和分析决策工具
66825	69	利润的12个定律	史永翔	15个行业冠军企业，亲身分享利润创造过程；带你重新理解客户、产品和销售方式
60011	79	一本书看透IPO	沈春晖	全面解析A股上市的操作和流程；大量方法、步骤和案例
65858	79	投行十讲	沈春晖	20年的投行老兵，带你透彻了解"投行是什么"和"怎么干投行"；权威讲解注册制、新证券法对投行的影响
68421	59	商学院学不到的66个财务真相	田茂永	萃取100多位财务总监经验
68080	79	中小企业融资：案例与实务指引	吴瑕	畅销10年，帮助了众多企业；有效融资的思路、方略和技巧；从实务层面，帮助中小企业解决融资难、融资贵问题
68640	79	规则：用规则的确定性应对结果的不确定性	龙波	华为21位前高管一手经验首次集中分享；从文化到组织，从流程到战略；让不确定变得可确定
69051	79	华为财经密码	杨爱国 等	揭示华为财经管理的核心思想和商业逻辑
68916	99	企业内部控制从懂到用	冯萌 等	完备的理论框架及丰富的现实案例，展示企业实操经验教训，提出切实解决方案
70094	129	李若山谈独立董事：对外懂事，对内独立	李若山	作者获评2010年度上市公司优秀独立董事；9个案例深度复盘独董工作要领；既有怎样发挥独董价值的系统思考，还有独董如何自我保护的实践经验
70738	79	财务智慧：如何理解数字的真正含义（原书第2版）	（美）伯曼 等	畅销15年，经典名著；4个维度，带你学会用财务术语交流，对财务数据提问，将财务信息用于工作